내 인생에 길잡이가 되어준 그리스신화의 지혜

곁에 두고 읽는 그리스신화

내 인생에 길잡이가 되어준 그리스신화의 지혜

곁에 두고 읽는 그리스신화

김태관 지음

홍익출판사

CONTENTS

1 인간, 신을 창조하다

2 인간, 영웅을 창조하다

이 책에 나온
그리스신화 인물 한눈에 살펴보기

올림포스 12신

이름	상징	어원	관계	로마 신화
제우스 Zeus	아버지, 지배자, 천둥과 벼락	하늘, 밝은 빛	포세이돈, 하데스의 형제, 헤라와 남매지간이자 남편	유피테르 Iuppiter
포세이돈 Poseidon	바다	대지의 주인, 대지의 남편	제우스, 하데스의 형제	넵투누스 Neptunus
헤라 Hera	결혼생활, 정절, 복수	여주인, 여왕	제우스의 누이이자 아내, 헤파이스토스의 어머니	유노 Iuno
헤스티아 Hestia	화로, 불	화로	포세이돈, 하데스, 제우스의 누이	베스타 Vesta
데메테르 Demeter	대지, 어머니, 풍요, 곡식	대지의 어머니	제우스의 누이, 페르세포네와 플루토스의 어머니	케레스 Ceres
아프로디테 Aphrodite	아름다움, 사랑, 풍요	거품에서 나온 여인	제우스의 딸, 우라노스의 딸, 헤파이스토스의 아내, 아레스의 연인	베누스 Venus *별칭: 비너스 Venus
아르테미스 Artemis	처녀, 순결, 사냥, 자유로움	건강, 살육	제우스의 딸, 아폴론의 쌍둥이 남매	디아나 Diana
아테나 Athena	지혜, 지략, 이성		제우스의 딸	미네르바 Minerva
아폴론 Apollon	빛, 이성, 예술, 예지력		제우스의 아들, 아르테미스의 쌍둥이 남매	아폴로 Apollo
헤르메스 Hermes	전령, 여행, 상업	돌무더기, 이정표	제우스의 아들	메르쿠리우스 Mercurius
아레스 Ares	전쟁, 살상, 폭력	싸움	제우스와 헤라의 아들, 아프로디테의 연인	마르스 Mars
헤파이스토스 Hephaistos	기술, 공예, 장인	불	제우스와 헤라의 아들, 아프로디테의 남편	불카누스 Vulcan

신

이름	상징	어원	관계	로마 신화
디오니소스 Dionysos	포도, 포도주, 다산, 풍요, 기쁨, 광란	니사(Nysa)의 제우스	제우스와 세멜레의 아들	바쿠스 Bacchus
하데스 Hades	죽음, 저승, 풍요	보이지 않는 자	포세이돈, 하데스의 형제, 페르세포네의 남편	플루토 Pluto (또는) 디스 Dis

영웅 · 왕

이름	상징	어원	관계	신분
테세우스 Theseus	용사, 국가의 수호자	모임, 회합	아이게우스와 아이트라의 아들	영웅, 왕
페르세우스 Perseus	괴물 퇴치, 구원자	파괴자	제우스와 다나에의 아들	영웅, 왕
헤라클레스 Hercules	힘, 용기, 지혜	헤라의 영광	제우스와 알크메네의 아들	영웅
이아손 Iason	양털		아이손과 알키메테의 아들, 메데이아의 남편	영웅
다이달로스 Daedalus	천재적 장인, 예술가, 발명가	명장(名匠)	헤파이스토스의 직계 후손, 이카로스의 아버지	영웅
오이디푸스 Oedipus	근친상간, 친부살해, 콤플렉스	부어오른 발	라이오스의 아들, 이오카스테의 아들이자 남편	왕

미래로 나아가는 오래된 옛길
포스트 휴먼 시대, 신화 속에서 인류의 길을 찾다

인간의 삶에 찍힌 영원한 되돌이표

이세돌 9단과 알파고의 바둑 대결이 가져다준 충격은 아직도 사람들의 기억 속에 선명하게 각인되어 있다. 2016년 3월, 인공지능 알파고는 5천 년 인간의 지혜가 어려 있다는 바둑판 위에서 우리의 자존심을 무참히 쓰러뜨렸다.

그런데 충격이 채 가시기도 전에 또 다른 사건이 우리를 경악하게 만들었다. 인공지능이 인간을 꺾은 지 불과 9개월 뒤인 2016년 12월, 인터넷 바둑 사이트에 '마스터(Master)'와 '매지스터(Magister)'라는 닉네임의 고수가 출현하여 한국과 중국, 일본의 프로 최강자들을 상대로 무려 60연승이라는 무패행진을 벌였다. 세계 바둑계의 초일류 기사들이 익명의 고수에게 추풍낙엽처럼 나가떨어지는 전대미문의 사건이 벌어진 것이다.

그로부터 얼마 뒤에 영국의 인공지능(AI) 프로그램 개발회사인 구글 딥마인드의 CEO 데미스 허사비스(Demis Hassabis)가 자신의 트위터에 얼굴 없는 고수의 정체를 밝혔다. 많은 사람들이 짐작했던 대로 괴력의 고수는 업그레이드된 알파고의 새로운 버전이었다.

다시 몇 개월 뒤인 2017년 5월, 알파고와 중국 커제(柯潔) 9단의 대국은 맥 빠진 속편에 지나지 않았다. 세계 랭킹 1위인 커제 9단은 인공지능에 3대 0으로 완패한 뒤 분을 참지 못하고 눈물을 흘렸고, 그 뒤 알파고는 약을 올리듯 더 이상 인간과 바둑 대결을 하지 않겠다며 은퇴 선언을 했다. 그 뒤로도 알파고는 계속 진화해 최신 버전인 '알파고 제로'는 이세돌을 꺾은 기존 알파고를 상대로 '100대 0'의 압승을 거뒀다. 알파고는 이제 인간을 넘어 구름 위에서 놀고 있다.

알파고 충격은 상상 속의 괴물들이 인간들을 먹어치우던 신화시대의 이야기를 떠올리게 만든다. 인류는 마침내 자신이 만든 인공지능이라는 괴물에 잡아먹히며, 인간의 정체성마저 위협받는 지경에 이르렀다.

알파고 쇼크에서 보듯이 4차 산업혁명 시대의 인류는 더 이상 기계를 하인처럼 부리는 예전의 그 인류가 아니다. 인간은 이제 기계와의 공존을 넘어 기계와의 합체까지 모색하고 있다. 사이보그, 복제인간, 하이브리드 인간, 트랜스 휴먼, 홀로그램 인간 등의 괴이한 용어들이 그것을 보여준다.

인간은 아바타처럼 되어 사이버세상을 살아가고, 로봇은 인간처럼 되어 현실세상을 다스려나간다. 공상과학 영화에서나 보았던 일들이 현실화되면서 인간과 기계의 경계선은 갈수록 모호해지고 있다.

인간이 인간을 창조해나가는 포스트 휴먼 시대를 바라보는 사람들의 시선은 기대와 불안이 뒤섞여 혼란스럽기만 하다. 하지만 인간과 기계가 융합하는 세상이 반드시 낯선 것만은 아니다. 미지의 세상이지만 찬찬히 들여다보면 어디선가 이미 보았던 기시감이 든다.

이를테면 '반 인간, 반 기계'의 사이보그는 그리스신화에 나오는 반인반마(半人半馬)의 괴물 켄타우로스를 닮았다. 그뿐인가. 동물의 장기를 이식하거나 심지어 다른 사람의 머리나 몸통을 이식하려는 시도는 '사람 반, 염소 반'인 사티로스, 혹은 사람의 몸에 머리는 황소인 미노타우로스를 떠올리게 한다.

스마트폰이라는 또 하나의 두뇌를 손에 쥐고 다니는 엄지족들을 고대인들이 본다면 머리가 여럿인 괴물이라고 할지도 모른다. 스파이더맨, 슈퍼맨, 아이언맨 같은 영화 속 캐릭터들은 초능력으로 난제를 헤쳐나가는 반신반인(半神半人)의 영웅들 모습이기도 하다.

또한 죽음의 세계인 하데스로 건너가 부활을 기다리는 냉동인간이나 인간의 정신을 복제하여 홀로그램 형태로 보관하려는 연구 등은 올림포스의 신들처럼 영생불사하려는 욕망을 담고 있다. 첨단과학기술의 포스트 휴먼 시대가 그려가는 풍경은 고대 그리스신화 속의 풍경과 별반 다르지 않은 셈이다.

신화의 시대는 한 번 지나가고 끝나는 것이 아니라 계속 되풀이된다고 한다. 신화는 과거에 묻혀 있는 게 아니라 늘 현대의 모습으로 다시 살아난다는 뜻이다. 미국의 신화학자 조지프 캠벨(Joseph Campbell)은 이렇게 말한다.

고대신화에 등장하는 영웅들은 사라진 것이 아니다. 지금 이 시각에도 뉴욕 5번가와 41번가가 만나는 네거리에서는 현대판 오이디푸스와 〈미녀와 야수〉가 교통신호가 바뀌기를 기다리고 있다.

캠벨은 신화란 인간의 삶에 찍힌 영원한 되돌이표로, 인간은 끊임없이 신화시대로 돌아가서 그 이야기들을 되풀이하며 산다고 말한다. 지금 이 시각에도 고대 그리스신화는 첨단 디지털언어로 다시 쓰이고 있다. 포스트 휴먼 시대의 풍경이 낯설지만, 어디에선가 본 듯한 기시감이 드는 이유이다.

인간은 자신의 형상을 따라 신을 창조했다

다시 신화의 시대다. 고대 그리스 신들은 첨단과학의 옷을 걸친 신인류의 모습으로 우리 주위를 활보하고 있다. 바람둥이 제우스는 여전히 지나가는 여인들을 힐끔거리고, 격정의 사나이 포세이돈은 마이크를 잡고 투쟁의 목소리를 높인다.

있는 듯 없는 듯 존재감 없다가 가끔 세상을 놀라게 하는 이들은 보이지 않는 모자를 쓴 저승의 신 하데스의 후예들이고, 마음의 상처를 삼키며 골방에서 창작의 열정을 담금질하는 이들은 불의 신이자 대장간의 신인 헤파이스토스의 현대판이다.

또한 꽃미남 엄친아들은 이 시대의 아폴론이고, 몸짱이나 싸움짱인 사내들은 영락없는 전쟁의 신 아레스들이다. 또한 전령의 신 헤르메스는 여행가방을 챙기느라 바쁘고, 술의 신 디오니소스는 흥청망청 밤거리를 휘젓고 다닌다.

남신들뿐 아니라 여신들도 예나 지금이나 분주하기는 마찬가지다. 질투의 화신인 제우스의 아내 헤라는 경쟁하는 여인들을 향해 뒤끝을 작렬 중이고, 지혜의 여신 아테나는 도도한 커리어우먼으로서 유리천장을 뚫어나간다.

여기서 끝이 아니다. 사냥과 달의 여신 아르테미스는 생머리를 휘날리며 이어폰을 꽂고 조깅 중이고, 미의 여신 아프로디테는 성형과 미용제품을 집어 들도록 여심을 부채질한다. 번잡한 세파에서 한 발 물러난 화덕의 여신 헤스티아는 조용히 식탁을 차려놓고 내면의 불꽃으로 소울 푸드를 조리한다.

고대 그리스의 음유시인 크세노파네스(Xenophanes)는 '인간은 자신의 형상을 따라 신들을 창조했다'고 꼬집었다. 성경의 창세기에서 '신은 자신의 형상을 따라 인간을 창조했다'는 말과 대비되는 말이다.

서양문명의 거대한 한 축인 헬레니즘의 눈으로 보면 신들은 인간을 닮았고, 또 다른 한 축인 헤브라이즘의 눈으로 보면 인간은 신의 형상을 닮았다. 욕정을 따라 끊임없이 바람피우며 납치와 강간, 거짓말과 도둑질 등을 일삼는 올림포스의 신들은 확실히 욕망에 휘둘리는 인간의 모습 그대로다. 고대 신화 속에 등장하는 무수한 신들과 괴물들은 바로 인간의 분신이고, 이 시대 우리의 모습이다.

　신화는 인간으로 들어가는 문이다. 신화를 읽으면 인간의 내면세계를 읽을 수 있다. 고대인들이 건축한 신전은 기둥만 남고 전부 사라졌지만, 그들이 빚어낸 신은 우리의 마음속에 여전히 살아 움직이고 있다. 인간의 마음이 복잡 미묘하고 예측불허인 것은 신화 속을 종횡무진 하던 그 신들이 지금도 인간의 마음속을 누비고 다니기 때문이다. 《장자》에 이런 글이 보인다.

　인간의 마음은 산천보다 험해서 하늘을 아는 것보다 헤아리기 어렵다.

　하늘에는 춘하추동과 아침과 저녁이라는 주기가 있어 예측이 가능하지만 인간의 마음은 깊이 감춰져 있어 파악하기가 힘들다는 것이다. 그러나 보이지 않는 인간의 마음을 파악하는 것은 의외로 쉬울 수 있다. 크세노파네스의 말처럼 인간은 자신의 마음속에 있는 형상을 따라 신들을 빚어냈다. 그리스신화의 다양한 신들은 인간의 마음이 형상화한 것이다.

그러므로 인간의 마음을 알고 싶다면 신화 속의 신들을 보면 된다. 욕망이 시키는 대로 끝없이 일을 저지르는 신들은 벌거벗은 인간의 모습 그대로다. 올림포스의 주신인 12신은 곧 인간 마음이 빚어내는 12가지 빛깔이라고 할 수 있다.

신화를 읽으면 나를 끌고 가는 욕망의 실체를 알 수 있고, 나를 힘들게 하는 상대의 마음을 들여다볼 수 있다. 신화는 인간으로 들어가는 문이자 나의 내면으로 들어가는 문이다. 피할 수 없는 운명처럼 나를 사로잡아 끌고 가는 내 속의 괴물이 무엇인지, 신화의 거울에 비춰보면 정체가 보인다.

신화가 일깨워주는 인간의 본성은 예나 지금이나 변한 게 없다. 과학기술의 진보가 가져다준 약간의 물질적 풍요와 편리함을 제외하면 인간이 느끼는 불안과 공포, 미래에 대한 두려움은 수천 년의 세월이 흘렀어도 동일하다.

첨단 디지털문명이 불을 밝힌 포스트 휴먼시대이지만 인간의 내면에 깃들인 어두움은 별빛과 달빛에 의지하던 신화의 시대와 별반 다르지 않다. 우울증과 공황장애 같은 정신질환이 날로 늘어가는 현대사회의 짙은 그늘 속에서는 또 다른 신화들이 음지식물처럼 자라나고 있다.

4차 산업혁명을 이야기하지만 그것이 가져다줄 미래는 우리에게 별로 호의적이지도, 낙관적이지도 않다. 인간보다 탁월한 기계가 인간을 대체해나가면 대다수의 인간은 설 자리를 잃고 잉여인간으로 전락할 수밖에 없다.

알파고 같은 인공지능에 언제 밀려날지 모르는 우리는 삶을 장담할 수 없는 영원한 '미생'들이다. 포스트 휴먼 시대가 본격화하면 인간의 정체성과 존엄성은 크게 흔들릴 수밖에 없다는 이야기다.

그리스신화에서 나아갈 길을 찾다

삼포족(연애, 결혼, 출산 포기), N포족(모든 것 포기) 같은 우울한 신조어들이 꼬리를 물고 있다. 과학기술이 찬란한 진전을 이룰수록 인간의 미래에 대한 전망은 어두워져만 간다. 인간이 인간을 생산하는 첨단 디지털문명 시대에 인간은 도리어 길을 읽고 오도 가도 못할 위기에 처하고 말았다.

현대인들이 마주친 이 혼란과 난감함을 보며, 학자들은 '아포리아(aporia)'라는 그리스어를 떠올린다. 이 말은 '통로가 없음'을 뜻하는 말로 배가 좌초되어 더 이상 어찌해볼 수 없는 상태를 가리킨다.

캄캄한 밤에 망망대해를 표류하며 어디로 가야할지 가늠할 수 없을 때, 옛사람들은 밤하늘의 별을 바라보며 방향을 찾았다. 학자들은 언제나 그 자리에서 등대처럼 빛을 발하고 있는 밤하늘의 북극성 같은 것이 신화이고 고전이라고 말한다.

신화는 혼돈의 시대에 사람들의 발걸음을 밝혀주는 별이고 나침반이다. 고전을 '오래된 미래'라고 하듯이, 신화는 미래로 나아가는 오래된 옛길이다. 포스트 휴먼 시대의 인간이 어디로 나아가고 있는지는 옛날 신화를 돌아보면 가늠해볼 수 있다. 인간으로 들어가는 문인 신화는 인류의 미래를 엿보는 창이기도 하다. 따라서 내 미래의 좌표도 신화를 등불삼아 비춰볼 수 있다.

이야기가 장황하게 돌아온 감이 있지만, 이 책에서는 그리스신화의 신들을 하나씩 살펴보며 이 시대에 우리의 길을 비춰주는 옛 선인들의 지혜를 더듬어볼 생각이다. 올림포스의 제우스를 비롯한 12신을 중심으로 조연 격인 그 외의 괴물과 영웅들이 그 대상이다.

고대 그리스의 신들은 내 마음속에서, 혹은 내 주위에 있는 사람의 마음속에서 별이 되어 반짝이고 있다. 그 별들을 살펴보면 지금 우리가 어디로 가고 있는지, 나는 무엇을 해야 하는지 방향을 가늠해볼 수 있을 것이다. 인간은 신화를 되풀이하며 살아간다. 불안과 설렘 속에 다가오는 미래에도 인간이 나아갈 길은 신화 속에 감춰져 있다.

헝가리가 낳은 사상가 게오르크 루카치(Georg Lukacs)는 명저 《소설의 이론》을 이런 아름다운 문장으로 시작한다.

밤하늘에 총총히 빛나는 별을 보고, 갈 수가 있고 또 가야만 하는 길의 지도를 읽을 수 있던 시대는 얼마나 행복했던가. 그리고 별빛이 그 길들을 환히 밝혀주는 시대는 얼마나 행복했던가!
인류 정신사에 여명이 밝아오던 고대 그리스시대를 향해 바친 유명한 찬사다. 이 책《곁에 두고 읽는 그리스신화》도 같은 문장으로 시작하고 싶다. 내 마음속에 총총히 빛나는 별들을 바라보며 갈 수 있고, 또 그 별들이 가야만 하는 길을 환히 비춰주는 것은 얼마나 복된 일인가! 별이 된 신들을 만나러 가는 길이 부디 행복한 여정이 되기를!

김태관

나를 돌아보게 하는, 비극의 주인공
오이디푸스 Oedipus

아테네 북서쪽에 있던 도시국가 테바이의 왕. 자기 부모인 줄도 모르고 아버지를 살해한 뒤 미망인이 된 어머니와 결혼하는 비극의 주인공이다. 지그문트 프로이트는 이들의 비극을 빗대어 '오이디푸스 콤플렉스'라는 말을 만들어냈다.

내 삶에 던져진 스핑크스의 수수께끼

실연을 하면 세상의 모든 유행가가 내 것처럼 들린다. '헤어진 다음날' 아침에 눈을 떠보면 모든 게 달라져 있고, '총 맞은 것처럼' 가슴이 시리고 아프다. 사랑에 빠져도 마찬가지다. 태양도 달도 나를 위해 뜨고 지고, 우주는 나의 사랑을 중심으로 회전한다. 드라마 〈도깨비〉에 소개되어 많은 이들의 마음을 사로잡았던 김인육 시인의 〈사랑의 물리학〉이라는 시도 그것을 보여준다.

"뉴턴의 사과처럼 사정없이 그녀에게로 굴러 떨어졌다"라는 시인의 표현처럼, 첫사랑은 우주가 진동하는 사건이다. 사랑에 빠지면 만유인력의 법칙이 내 것이 된다. 물리학의 법칙은 온 우주에 적용되는 보편적인 것이지만 에로스가 쏜 사랑의 화살에 맞으면 나만을 위한 특별한 법칙이 된다. 지구의 중력은 오직 나와 그녀 사이에만 작용하고, 뉴턴의 사과는 내 운명이 되어 사정없이 굴러 떨어진다.

세상은 나와 무관한 것들로 가득 차 있다. 하지만 사랑을 하면 그 모든 것들이 나에게 특별한 의미로 다가온다. 이를테면 출퇴근 시간 전철에서 매일 마주치는 그 사람은 평소에는 그저 우연히 함께 탄 승객에 지나지 않는다.

그러나 어느 날 문득 그 사람이 내 마음에 들어오면, 그는 더 이상 지나가는 행인이 아니다. 자꾸 슬금슬금 곁눈질을 하며 나의 온 신경이 쏠리는 특별한 존재가 되는 것이다. 그 점에서 사랑은 마치 종교적 각성의 순간과도 같다. 나와 세상이 특별한 관계를 맺는 깨달음의 순간을 체험하면 평소에 무심히 지나쳤던 것들이 새로운 모습으로 나에게 말을 걸어온다.

선승들이 닭 우는 소리에 도를 깨쳐 마음이 활짝 열리듯이 크게 깨달음을 얻게 되는 순간이 여기서 멀지 않다. 닭 우는 소리야 늘 듣는 것이지만, 도를 갈망하는 선승에게는 깨달음의 죽비소리가 될 수도 있다.

오이디푸스 이야기 또한 그렇다. 많이 들어서 익숙한 이야기지만 마음이 열리면 완전히 새로운 이야기로 다가온다. 그리고 천둥과 벼락에 맞은 듯 깜짝 놀라서 심장이 하늘에서 땅까지 아찔한 진자 운동을 하게 될지도 모른다. 예를 들어 스핑크스의 수수께끼를 모르는 사람은 없을 것이다.

"아침에는 네 발, 점심에는 두 발, 저녁에는 세 발로 걷는 것은 무엇인가?"

길가는 행인들에게 이 수수께끼를 던져 맞히지 못하면 잡아먹는 괴물 스핑크스에게 다가가 '그것은 인간이다'라고 답을 말한 사람이 바로 오이디푸스였다. 오이디푸스가 답을 맞히자 너무 놀란 스핑크스는 절벽에서 몸을 던져 죽고 만다. 워낙 유명해서 이제는 초등학생들도 아는 수수께끼다.

오이디푸스는 그리스신화에서 대표적인 비극의 주인공이다. 아버지를 죽이고 어머니와 결혼하는 그의 이야기는 고대 그리스의 극작가 소포클레스(Sophocles)의 《오이디푸스 왕》을 통해서도 잘 알려져 있다.

괴물 스핑크스를 무찌른 영웅이 어쩌다 그런 끔찍한 비극의 주인공이 되었을까? 말년에 장님이 되어 지팡이를 짚고 길을 떠나는 오이디푸스가 혹시 수수께끼에서 저녁에 세 발로 걷는 그 주인공은 아니었을까? 또한 오이디푸스의 삶을 산산조각 내버린 것은 운명이라는 이름의 또 다른 스핑크스가 아니었을까? 궁금증을 풀기 위해 오이디푸스 이야기를 찬찬히 들여다보자.

육신의 눈이 멀고, 마음의 눈을 뜨고

오이디푸스의 이야기는 출생의 비밀에서부터 시작한다. 우리가 막장드라마를 통해 익히 알고 있는 운명의 복선이다. 그의 부모는 고대 그리스에서 번성했던 도시 테바이의 왕 라이오스와 왕비 이오카스테였다.

하지만 오이디푸스는 태어나자마자 두 발이 묶인 채 산 속에 버려진 탓에 코린토스의 왕 폴리보스를 아버지로 알고 자란다. '퉁퉁 부은 발'이라는 뜻의 오이디푸스라는 이름은 그래서 얻게 되었다.

오래전에, 오이디푸스의 생부인 라이오스 왕은 신전을 찾았다가 흉측한 신탁을 듣는다. '아이가 자라면 아비를 죽이고, 어미를 범할 것'이라는 예언이었다. 신탁을 두려워한 라이오스는 왕비가 아이를 낳자 경호병을 시켜 내다 버리게 한다.

하지만 경호병은 아이가 불쌍해서 산에서 만난 코린토스의 양치기에게 넘겨준다. 양치기는 아이를 코린토스의 왕에게 바쳤고, 마침 후사가 없어 근심하던 왕은 아이를 신의 선물로 여기고 기쁘게 받아들인다. 테바이의 왕자 오이디푸스는 이런 출생의 비밀을 모른 채 코린토스의 왕자로 자라난다.

어른이 된 오이디푸스는 운명이 깔아놓은 잔인한 덫을 향해 멋모르고 씩씩한 발걸음을 내딛는다. 하지만 그것은 공교롭게도 '아비를 죽이고 어미를 범한다'는 신탁의 시작이었다. 오이디푸스는 어느 날 신전에 들렀다가 자신에게 내려진 끔찍한 신탁을 듣는다. 기겁을 한 그는 신탁이 이루어지는 것을 막기 위해 코린토스를 떠난다. 부모 곁을 떠나면 예언이 이뤄질 기회가 원천적으로 봉쇄될 거라고 믿었던 것이다. 그러나 그렇게 떠나는 것이야말로 오히려 비극으로 가는 지름길이라는 사실을 그는 까마득히 몰랐다.

집을 떠난 오이디푸스는 어느 비좁은 길목에서 마차를 탄 노인을 만나고, 길을 비키라는 시비 끝에 상대 일행을 때려죽인다. 이로써 신탁의 첫 번째 예언이 성취되었다. 오이디푸스가 죽인 그 노인이 바로 자신의 친부인 라이오스 왕이었기 때문이다.

막장드라마의 다음 공식은 근친상간이다. 두 번째 예언인 어미를 범하기 위해서는 그의 친모가 있는 테바이로 무대를 옮겨야 한다. 그때 테바이에서는 앞서 이야기한 스핑크스가 수수께끼를 못 맞힌 사람들을 마구 잡아먹는 일이 벌어지고 있었다. 오이디푸스는 수수께끼의 정답을 맞힘으로써 사자의 몸에 여자의 머리를 하고, 독수리의 날개를 단 그 괴물을 당당하게 무찌른다.

테바이 사람들은 스핑크스의 재앙에서 벗어나게 된 것을 기뻐하며 오이디푸스를 왕으로 옹립한다. 테바이의 왕이 된 오이디푸스는 예전의 왕비 이오카스테를 아내로 맞아 자식들을 낳는다. 이로써 어미를 범한다는 두 번째 예언이 성취되었다.

소포클레스의 비극《오이디푸스 왕》은 그로부터 오랜 세월이 흐른 뒤에 테바이에 전염병과 기근이 덮치는 장면에서부터 글이 시작된다. 원인 모를 재앙이 계속되자 오이디푸스는 처남 크레온을 시켜, 그리스 중부의 파르나소스 산에 있는 아폴론 성지인 델포이(Delphoi)에서 신탁을 받아오게 한다.

그런데 처남이 받아온 신탁은 놀라웠다. 전왕 라이오스를 죽인 범인이 테바이에 역병과 기근을 불러왔다는 것이었다. 여기서부터 막장드라마의 또 다른 코드인 기억상실증에서 깨어나는 이야기가 펼쳐진다.

테바이의 전왕인 라이오스를 죽인 범인은 누구인가? 추리소설을 방불케 하는 이야기 전개 끝에 오이디푸스는 자신이 범인이고, 아비를 죽이고 어미를 범하는 끔찍한 신탁의 주인공이라는 사실을 깨닫게 된다.

이에 생모이자 아내인 이오카스테는 스스로 목숨을 끊었고, 절망한 오이디푸스도 그녀의 옷에 달린 브로치를 뽑아 자신의 눈을 찌른다. 장님이 된 오이디푸스는 두 딸의 손에 의지하여 테바이를 떠나 방랑길에 오른다.

여기서 다시 처음의 수수께끼로 돌아가 보자. 인생의 황혼에 지팡이를 짚고 다니는 오이디푸스의 모습은 수수께끼에 나오는 그 모습이 아닌가. '아침에 네 발, 점심에 두 발, 저녁에 세 발'로 걷는 것은 인간이라기보다 오이디푸스 그 자신이 아니었던가. 운명의 덫에 걸려 끝내 파멸하는 오이디푸스는 결국 스핑크스라는 괴물에 잡아먹힌 게 아닐까.

오이디푸스는 인간이 어떤 존재인지는 알았을지 몰라도 정작 자신의 정체는 알지 못했다. 자신만만하게 스핑크스에게 다가가 그를 무찔렀지만, 그 수수께끼가 자신의 운명을 암시한 것일 줄은 꿈에도 상상하지 못했다.

나중에 그의 주변에서 벌어진 모든 사건들이 바로 자신을 향한 메시지였음을 깨달았을 때, 그는 벼락에 맞은 듯한 충격을 받았을 것이다. 육신의 눈이 멀고 마음의 눈을 뜨고 나서야 비로소 삶의 진실을 보게 되는 것은 인간의 보편적인 이야기이지만, 오이디푸스 그만의 인생 이야기이기도 하다.

우리 모두의 내면에 오이디푸스가 있다

이제 우리는 오이디푸스에게 향했던 시선을 180도로 돌려 자기 자신을 돌아봐야 한다. 오이디푸스에게 던져졌던 스핑크스의 수수께끼를 자신의 인생에 던져봐야 한다.

아침에 네 발, 점심에 두 발, 저녁에 세 발로 걷는 것은 무엇인가? 답은 인간도 아니고 오이디푸스도 아니고, 바로 '나'라는 사실을 깨달았을 때 비로소 오이디푸스 신화를 제대로 읽었다고 할 수 있다.

오이디푸스는 바로 나이고, 그의 비극은 곧 나의 비극이다. 내가 누구인지, 지금 내가 알고 있다고 생각하는 것은 진정한 내 모습이 아닐지 모른다. 본래 테바이의 왕자인데 코린토스의 왕자가 되어 엉뚱한 것들을 정성스레 섬기고 있는지도 모른다.

살다 보면 '이게 원래 내 모습이 아닌데……' 하고 탄식하는 사람들을 많이 보게 된다. 백조로 태어났지만 미운 오리새끼로 인생을 마치는 이들은 또 얼마나 많은가. 그뿐만 아니라 사람들은 자신이 어디서 와서 어디로 가고 있는지도 잘 모른다. 네 발로 걷다가 두 발로 씩씩하게 걷고 있지만 내 인생이 어디로 가고 있는지 감조차 잡지 못하고 있는 것이다.

많은 사람들이 노년에 '내가 이렇게 늙을 줄 몰랐어' 하고 허탈해하는 것은 '사람은 저녁에 세 발로 걷는다'는 말을 남의 이야기로만

들었기 때문이 아닐까.

　오이디푸스 이야기만이 아니라 다른 모든 신화도 마찬가지다. 황당하고 기괴해 보이는 그 이야기들이 바로 나의 삶을 향한 것임을 깨달을 때 신화는 전혀 다른 빛깔로 다가온다. 신화를 읽는 진정한 방법은 그들의 이야기에서 나를 들여다보는 것이고, 그들의 이야기를 통해 내 미래를 가늠해보는 것이다.

　세상에는 유리창으로 보는 사람과 거울로 보는 사람의 두 종류가 있다고 한다. 유리창으로 보는 사람은 모든 사물을 통해서 타인을 본다. 하지만 거울로 보는 사람은 모든 것을 통해서 나 자신을 본다. 이를테면 남의 잘못을 본다고 할 때, 유리창으로 보는 사람은 비판하지만 거울로 보는 사람은 나도 저럴지 모른다며 시선을 자신에게로 돌린다.

　신화도 유리창이 아니라 거울로 대할 때 그 의미가 완전히 새롭게 다가온다. 어느 날 눈을 떠보니 세상의 사랑 노래가 전부 나의 것으로 들리는 것과 마찬가지다. 오이디푸스 이야기는 신화를 거울로 읽는 것의 좋은 샘플이라고 하겠다.

　사춘기 시절에 감수성이 예민한 아이들은 '지금 부모가 진짜 내 부모 맞아? 혹시 나는 데려온 아이가 아닐까?' 하고 의심을 품는다. 이는 그 아이의 내면에 자리 잡은 오이디푸스가 속삭이는 소리다.

지그문트 프로이트(Sigmund Freud)는 아들이 어머니에 대해서는 애정의 감정을 느끼면서 아버지에 대해서는 질투와 혐오의 감정을 느끼는 경향을 '오이디푸스 콤플렉스(Oedipus complex)'라고 했다. 프로이트는 이렇게 썼다.

아들에게 아버지는 사회적 구속의 화신이지만 어머니는 아들이 보호해야 할 대상이다. 아들은 아버지에게 경쟁심리를 느끼며 아버지를 대신해서 어머니를 독점하려 한다. 오이디푸스 콤플렉스는 바로 이런 감정에서 출발한다.

꼭 콤플렉스라고 규정짓지 않아도 모든 사람들의 내면에는 오이디푸스가 들어 있다. 내 안의 오이디푸스에게 조용히 수수께끼 하나를 건네보자. 병원에서는 의사가 의식이 점점 희미해져가는 환자에게 그가 시간, 공간, 사회적으로 어떤 위치에 있는지를 얼마나 인지하는지 파악하는 테스트를 한다. 이를 '소재식(所在識) 검사'라고 하는데, 예를 들자면 이런 질문을 던진다.

"여기는 어디입니까?"

"당신은 누구입니까?"

"지금은 언제입니까?"

이는 정신없이 바쁘게 살아가는 현대인에게 던지는 스핑크스의 수수께끼이기도 하다. 나는 누구이며, 어디로 가고 있는가? 답이 잘 보이지 않으면 좀 더 높은 곳에서 나를 바라볼 필요가 있다. 이제 그리스신화의 12주신이 살고 있는 올림포스 산으로 올라가 내 삶을 내려다보자.

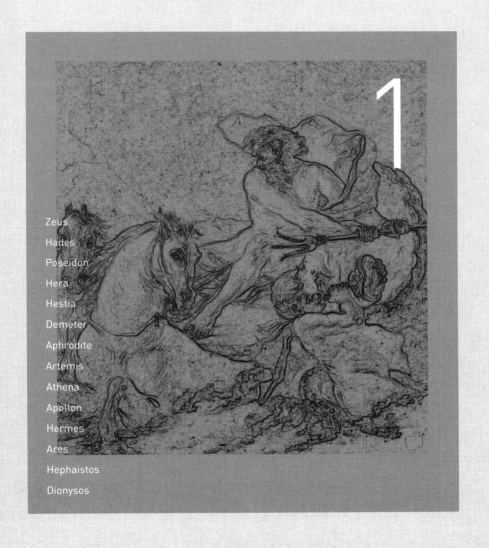

1

Zeus
Hades
Poseidon
Hera
Hestia
Demeter
Aphrodite
Artemis
Athena
Apollon
Hermes
Ares
Hephaistos
Dionysos

인간, 신을 창조하다

인간, 신을 창조하다

Zeus

신들의 제왕,
제우스

올림포스의 1인자이자 신들의 제왕. 타고난 바람둥이로 아내이자 여왕인 헤라와 불화가 끊이지 않았다. 형제지간인 포세이돈, 하데스와 제비뽑기로 천하를 삼등분한 결과 포세이돈과 하데스는 각각 바다와 지하세계를, 제우스는 하늘을 맡게 되었고, 땅은 공동 통치하기로 되었다.

내 속에 잠자고 있는 '당당한 자아'

세상에 남자는 많지만 사나이는 드물다. 마마보이로 자라 '와이프 보이'가 된 피터팬 신드롬의 남자들이 많아서인가. 고개 숙인 남자들 사이에서 야수처럼 거친 숨을 내뿜는 진짜 사나이들은 잘 보이지 않는다. 문정희 시인은 〈다시 남자를 위하여〉라는 시에서 요즘은 야생마처럼 거친 매력을 내뿜는 남자들이 멸종위기라고 한탄한다.

실제로 현대 도시의 남성들은 환경오염과 스트레스 증가로 정자 감소 등 생식력이 옛날보다 현저히 떨어졌다고 한다. 〈다시 남자를 위하여〉라는 시가 노래하는 거칠고 싱싱한 야성의 남자들을 만나려면 타임머신을 타고 시간을 거슬러 먼 원시의 숲속으로 날아갈 필요가 있다.

아득한 옛날 그리스 북부에 자리한 올림포스 산에는 제우스를 비롯한 12신이 살고 있었다. 그리스어로 '높은 산'이라는 뜻인 올림포스는 해발 2,917미터에 달하는 험준한 산으로, 그리스신화의 무대가 되는 장소이다.

올림포스에 거처를 둔 12신은 신들의 제왕인 제우스와 그의 아내 헤라, 그리고 바다의 신 포세이돈, 전쟁의 신 아레스, 불과 대장간의 신 헤파이스토스, 음악과 예언의 신 아폴론, 포도주의 신 디오니소스, 불과 화로의 여신 헤스티아, 전쟁과 지혜의 여신 아테나, 사랑과 미의 여신 아프로디테, 사냥과 달의 여신 아르테미스, 대지의 여신 데메테르를 가리킨다. 이밖에도 지하세계 죽음의 신 하데스, 발 빠른 전령의 신 헤르메스 등이 다른 신을 밀어내고 명단에 들어가기도 한다.

제우스는 올림포스 12신 가운데 최고의 신으로 하늘과 기후, 법과 질서를 다스린다. 그러나 신들의 왕인데도 불구하고 제우스의 품행은 별로 바르지 못했다. 예쁜 여자만 보면 침을 흘리며 유괴와 납치, 강간을 일삼는 제우스는 신들 중 최고의 난봉꾼이자 파렴치범이라고 할 수 있다. 하지만 바람둥이 제우스는 누렇고 나약한 자아가 아니라 눈부신 야생마처럼 멋진 자아를 가지고 있다. 그에게는 가물치처럼 퍼덕거리는 싱싱함과 거대한 파도 같은 당당함이 있다.

작업의 고수였던 바람둥이

바람둥이 제우스가 얼마나 작업의 고수인지는 아내인 헤라를 유혹해서 결혼에 이르는 과정만 봐도 알 수 있다. 제우스는 아버지 크로노스와 어머니 레아 사이에서 6남매 중 막내로 태어났다. 헤라는 제우스의 누이로, 평소에 막내의 바람기가 얼마나 대단한지를 잘 알고 있어 결혼은커녕 접근조차 거부했다.

하지만 예쁜 누이에게 연정을 품은 제우스가 호락호락 물러날 리 없었다. 어느 봄날 숲속을 거닐고 있는 헤라의 예쁜 자태를 보자 제우스는 몸이 달아올랐다. 소리 없이 헤라를 덮칠 방법을 찾던 제우스는 기후를 관장하는 신답게 폭우를 뿌린 뒤 뻐꾸기로 변신해서 다가갔다.

비에 젖어 오들오들 떨고 있는 뻐꾸기를 본 헤라는 불쌍해서 품에 꼭 안았다. 그러자 제우스는 본모습으로 돌아와 헤라를 범하려고 덤벼들었다. 뒤늦게 사태를 알게 된 헤라는 완강히 거부하다가 정식 결혼을 올리는 것과 다른 여자와 바람을 피우지 않겠다는 다짐을 받고서야 몸을 허락했다.

비에 젖은 뻐꾸기로 변신해서 헤라의 동정심을 자극한 제우스의 수법은 사모님들을 홀리는 현대판 제비족을 떠올리게 한다. 이들 부부 사이에서 태어난 자식이 전쟁의 신 아레스, 불과 대장간의 신 헤파이스토스, 청춘의 여신 헤베, 그리고 분만의 여신 에일레이티이아였다.

바람피우지 않겠다는 남자의 말을 곧이곧대로 믿는 것처럼 어리석은 일도 없다. 급한 김에 약속은 했지만 제우스의 애정행각이 멈출 리 없었다. 헤라와 결혼한 뒤에도 난봉꾼 제우스는 수단과 방법을 가리지 않고 아내 몰래 외도를 일삼았다.

제우스가 건드린 여인들은 신과 인간을 망라하여 헤아릴 수 없을 정도로 많다. 그리스로마신화의 유명 저자인 토마스 불핀치(Thomas Bulfinch)는 모든 것은 제우스의 바람기에서 시작되었다고 말했을 정도다.

제우스가 여자에게 작업을 거는 방법은 변신이다. 아내 헤라의 감시와 질투를 피하기 위해, 그리고 번개의 신인 원래 모습 그대로 나타나면 인간을 태워버릴 위험이 있기에 제우스의 변신은 필수 코스였다.

뭇 남자들의 가슴을 뛰게 만드는 눈부신 미모의 소유자인 페니키아의 공주 에우로페를 유혹하기 위해 제우스는 황소로 변신했다. 어느 날 제우스는 에우로페가 자주 찾는 바닷가에서 어슬렁거렸다. 아름다운 황금빛 털을 가진 황소를 발견한 에우로페는 호기심에 이끌려 다가가 등을 어루만졌다.

황금빛 황소는 그녀의 손길에 몸을 맡긴 채 온순하게 땅에 엎드렸다. 내친 김에 에우로페는 황소의 등에 올라타 보았다. 그런데 에우로페가 오르자마자 갑자기 황소가 벌떡 일어나더니 바다를 향해 달리기 시작했다.

에우로페를 태운 황소는 에게 해를 건너 크레타 섬으로 도망쳤다. 거기서 비로소 본 모습을 드러낸 제우스는 에우로페와 마음껏 사랑을 나눴다. 이들 사이에서 태어난 자식이 크레타의 영웅인 미노스와 그의 형제들이다. 에우로페는 고대 그리스어에서 '눈망울이 큰 소녀'라는 뜻으로, 유럽이라는 지명은 그녀의 이름에서 유래했다.

　제우스가 뻐꾸기와 황소로만 변신한 게 아니다. 백조로, 독수리로, 개미로, 뱀으로, 그리고 때로는 인간 남자와 여자로 마음껏 변신 능력을 발휘하며 제우스는 끊임없이 욕정을 채워나갔다. 그중에서도 황금비로 변해서 다나에를 범하는 장면은 압권이다.

　다나에는 아르고스의 왕 아크리시오스의 외동딸이었다. 눈에 넣어도 아프지 않은 예쁜 공주였지만, 왕은 어느 날 청천벽력 같은 말을 듣는다. 딸 다나에가 낳은 외손자에게 자신이 죽임을 당할 것이라는 불길한 신탁이었다.

　겁에 질린 아크로시오스는 사랑하는 딸 다나에에게 아무 남자도 접근하지 못하도록 그녀를 청동으로 된 지하 감옥에 가뒀다. 이로써 꽃다운 나이에 다나에는 햇볕도 들지 않는 캄캄한 감옥에 갇히는 신세가 되었다.

　하지만 다나에의 빼어난 미모에 홀딱 반한 제우스에게 청동 감옥은 장애도 아니었다. 제우스는 기발하게도 황금비가 되어 지하 감옥에 스며들어 아무도 눈치채지 못하는 가운데 다나에와 마음껏 사랑을 나눴다.

이들 사이에서 태어난 아이가 괴물 메두사의 목을 자른 영웅 페르세우스다. 메두사는 뱀으로 된 머리카락을 가진 날개 달린 여성으로, 그녀의 머리를 본 사람은 누구나 돌로 변하게 만드는 힘이 있었다. 그런데 이런 괴물을 당당히 처치하고 돌아온 페르세우스는 원반 던지기를 하다가 본의 아니게 외할아버지 아크로시오스를 맞혀 죽이게 된다. 손자의 손에 죽게 된다는 신탁의 예언이 적중한 것이다.

생육과 번성을 향한 인간의 원초적 의지

신화는 은유의 세계다. 황금비로 변신한 제우스가 지하 감옥의 다나에를 잉태시키는 것은 생명의 비가 땅속에 스며들어 씨앗을 발아시키는 현상을 연상시킨다. 뻐꾸기로, 황소로, 황금비로 쉼 없이 변신하며 자신의 씨를 뿌리는 제우스는 인간의 왕성한 생식 욕구를 상징한다.

제우스의 바람기로 상징되는 생식과 정복에 대한 욕구는 인간의 가장 근원적이고 강력한 본능이다. 부지런히 이 밭 저 밭에 씨를 뿌리는 것은 후손을 이어가려는 종족 보존의 욕구에서 비롯된 것이다.

구약성서 〈창세기〉를 보면 신은 인간을 창조한 뒤 "생육하고 번성하라. 땅을 정복하라"는 명령을 내린다. 아담의 후예들에게는 생식욕과 정복욕이 내재되어 있다는 사실을 알려준다. 즉, 제우스의 못 말리는 바람기는 음란한 정욕이 아니라 자연을 정복하여 생육하고 번성하려는 인간의 원초적 의지를 상징한다고 할 수 있다.

제우스의 못 말리는 바람기를 꼭 눈살을 찌푸리고 대할 것만은 아니다. 문정희 시인의 또 다른 시 〈사랑하는 사마천 당신에게〉를 보면 그 바람기는 역사에 두고두고 남는 당당한 기둥을 세우기도 한다. 시에 따르면 사마천은 육체의 기둥 곧 남근을 잘리는 치욕적인 궁형(宮刑)을 받고도 〈사기〉라는 불후의 명저를 지어 역사 위에 우뚝 선 인물이 되었다. 제우스의 왕성한 정복욕은 때로 이렇게 멋진 사나이를 만들기도 한다.

모든 이야기는 나를 비추는 거울이라고 했다. 제우스 이야기를 통해서도 인간을 들여다보고, 나를 들여다봐야 한다. 인간 속에 제우스의 바람기가 내재되어 있다면 그것은 내 속에도 내재되어 있다. 또한 제우스 속에 당당한 자아가 있다면 내 안에도 그런 자아가 있다. 나의 자아는 쩨쩨한가, 아니면 당당한가. 나는 어떤 기둥을 세우고 있는가. '좀 더 든든하고 좀 더 당당하게' 시대를 찌르고 역사에 이름을 남겨야 한다. 내 속에는 신들의 왕인 제우스가 숨 쉬고 있기 때문이다.

인간, 신을 창조하다

Hades

저승의 지배자,
하데스

죽음을 관장하고 지하세계를 다스리는 신. 형제인 제우스와 포세이돈과 함께 티탄 신족을 물리치고
우주를 나누어 가졌다. 지하세계에만 머물기에 올림포스 12신에는 포함되지 않는다.

보이지 않는, 그러나 늘 가까이 있는

죽음은 눈에 보이지 않지만 늘 살아 있는 자의 곁을 맴돌며 호시탐 탐 덮칠 기회를 노린다. 예민한 감성의 소유자들은 보이지 않는 그 죽음을 감지한다.

러시아의 문호 톨스토이(Tolstoy)가 그랬다. 1869년 8월 어느 여 름밤, 객지의 낯선 방에서 잠을 청하며 뒤척이던 톨스토이는 보이 지 않는 죽음과 대면한다. 그때의 불안과 공포를 그는 얼마 뒤 아내 소피아에게 보낸 편지에서 이렇게 적고 있다.

> 그 밤에 내게 뭔가 이상한 일이 일어났소. 밤 2시였소. 몹시 피곤해 서 자고 싶었고, 아픈 곳도 없었지만 갑자기 이제까지 결코 겪어보 지 못한 절망과 공포, 두려움이 나를 감쌌소. 이런 고통스러운 감정 은 처음이었소. 그 끔찍한 기분을 제발 다른 사람은 누구도 겪지 않 게 되기를…….

훗날 톨스토이는 어느 작품을 통해 그 밤에 느낀 끔찍한 절망과 공포는 곧 죽음의 모습이었다고 밝힌다.

> 나는 그 방에서 나를 괴롭히던 것을 애써 떨쳐버리려고 했다. 하지만 그것은 내 뒤에서 나타났고, 그러자 모든 것이 검게 변했다. 나는 점

점 더 무서워졌다. "내가 뭘 두려워하는 거지?" 스스로에게 되뇌어 보았다. 그러자 죽음이 대답했다. "나를 두려워하는 거지. 내가 여기 있다."

죽음과 대면하는 괴이한 체험을 했을 때의 톨스토이는 41세였다. 그 뒤로 톨스토이는 82세로 세상을 떠나기까지 늘 죽음에 대한 불안과 공포를 껴안고 살았다. 그의 중단편 작품 중 최고의 걸작으로 꼽히는 《이반 일리치의 죽음》에는 삶과 죽음에 대한 깊은 통찰을 보여준다. 보이지 않는 죽음을 늘 가까이에서 바라보고 평생을 살았던 결과이기도 하다.

그리스신화에서도 죽음의 신인 하데스는 눈에 보이지 않는다. 머리에 쓰면 투명인간처럼 변하는 검은색 투구를 쓰고 다니기 때문이다. 우리 식으로 말하면 도깨비감투다.

죽음의 신인 하데스는 검정 투구를 쓰고 슬그머니 다가와 느닷없이 목숨을 낚아채 간다. 보이지는 않지만 늘 가까이 있어 언제 덮쳐올지 모르는 죽음에 대한 공포가 하데스의 투구에 고스란히 투영되어 있는 셈이다.

하데스는 그리스어로 '보이지 않는 자' 또는 '보이지 않게 하는 자'라는 뜻이다. 저승의 신인 하데스도 눈에 보이지 않지만, 저 세상으로 떠나는 영혼들도 우리 눈에는 더 이상 보이지 않게 된다. 보이지 않기에 죽음은 더욱 두렵다. 톨스토이의 말처럼 죽음은 예기치 않은 순간에 등 뒤에서 나타나 모든 것을 검은색으로 지워버린다. 하데스가 다스리는 지하세계가 그렇게 어둡고 음침한 곳이다.

죽음의 세계가 처음부터 하데스의 차지였던 것은 아니다. 하데스는 제우스와 포세이돈의 형제로, 아버지 크로노스와 어머니 레아 사이에서 태어났다. '시간'이라는 뜻을 가진 크로노스는 자식들이 태어나는 족족 잡아먹었다. 태어난 모든 것을 삼켜버리는 시간의 속성 그대로다.

하데스도 태어나자마자 크로노스에게 잡아먹혔지만, 막내 제우스에 의해 아버지의 배 속에서 토해내져 다시 살아난다. 그 뒤 제우스와 그의 형제들은 힘을 합쳐 크로노스와 티탄 신족(神族)을 상대로 전쟁을 벌인다.

이때 하데스는 보이지 않는 투구를 쓰고 적을 무찌른다. 마침내 신들의 전쟁에서 승리한 형제들은 아버지가 다스리던 세상을 제비뽑기를 해서 나눠 가진다. 그 결과 맏형인 하데스는 지하세계를, 막내인 제우스는 하늘을, 그리고 둘째인 포세이돈은 바다를 맡게 되었다. 하데스는 제우스의 형이지만 저승을 다스리는 까닭에 올림포스의 12신에는 들지 못한다.

우리는 누구나 잠깐 보이다 사라지는 안개이다

〈님아, 그 강을 건너지 마오〉라는 영화가 인기를 끈 적이 있다. 89세 할머니와 98세 할아버지의 잔잔한, 그러나 얼마 남지 않아 애틋한 일상을 그린 다큐멘터리 영화다.

아무리 부부의 정이 두텁다 해도 삶은 영원하지 않고 언젠가는 죽음의 강을 건너 사별해야 한다. 하데스의 나라에 들어가기 위해서도 먼저 뱃사공 카론에게 동전 한 닢을 주고 아케론 강에서부터 스틱스 강까지 건너가야 한다. 저승의 강인 스틱스 강은 하데스의 궁전을 아홉 겹으로 둘러싸고 있다. 한 번 건너가면 다시는 돌아올 수 없다는 것을 암시한다.

신들도 스틱스 강에다 맹세하면 반드시 지켜야 했다. 번개의 신인 제우스는 애인 세멜레에게 스틱스 강을 걸고 맹세했다가 그녀를 새카맣게 태워 죽인 적이 있었다.

사람으로 변신해서 사랑을 나눴지만 본모습을 보여주겠다는 약속을 스틱스 강에다 하는 바람에 어쩔 수 없이 지켜야 했기 때문이다. 스틱스 강으로 상징되는 죽음은 제우스 신도 거스를 수 없다는 것, 곧 죽음의 불가역성을 보여준다.

죽음은 돌이킬 수 없으며 이승과 저승은 영원히 단절되어 오갈 수 없다. 저승은 아홉 겹의 스틱스 강이 휘두르고 있을 뿐 아니라 저승문 입구에는 머리가 50개에 꼬리는 독사인 무시무시한 개 케르베로스가 지키고 있다. 일설에는 케르베로스의 머리 중 3개는 개의 형상이고 앞에 붙어 있으며, 짐승의 형상을 한 머리는 등에 달려 있다고도 한다.

아무튼 죽음의 강을 건너 차안(此岸)의 세계로 들어가면 다시 돌아온다는 것은 있을 수 없다. 그래서 죽은 자를 가리켜 '불귀의 객'이 되었다고 표현하는 것이다. 살아 있는 인간은 죽음의 세계에 갈 수도, 볼 수도, 알 수도 없다.

하지만 신화를 만드는 인간의 상상력은 불가능조차 가볍게 뛰어 넘는다. 그리스신화에서 오르페우스, 테세우스, 헤라클레스 같은 몇몇 영웅은 하데스에 내려갔다가 다시 살아 돌아온다.

그중 리라 연주의 명인인 오르페우스의 스토리는 그의 신묘한 노랫소리만큼이나 애절하다. 오르페우스는 아내 에우리디케와 행복한 결혼생활을 누리고 있었다. 그러던 어느 날 아내가 독사에 물려 죽자, 슬픔에 빠진 오르페우스는 그녀를 데려오기 위해 저승세계로 내려간다.

그는 스틱스 강의 뱃사공 카론과 저승문 입구를 지키는 괴물 케르베로스를 신비한 음악소리로 사로잡아 무사히 저승의 왕 하데스와 왕비 페르세포네 앞에 이른다.

페르세포네는 땅의 어머니이자 대지의 여신으로 불리는 데메테르의 딸로 하데스가 납치하여 아내로 삼았는데, 1년에 3분의 1은 지상에서 살고 3분의 2는 지하에서 살았다. 그녀의 삶은 곡물의 씨가 땅에 묻혀 있다가 봄이면 싹을 틔우고 열매를 맺은 뒤 다시 땅속에서 겨울을 나는 계절의 순환을 상징한다.

오르페우스는 하데스와 페르세포네 앞에서 자신이 저승에 온 사연을 리라 연주와 함께 구슬프게 노래한다. 절묘한 연주와 애틋한 노래에 감동한 하데스는 오르페우스에게 아내를 데려가도록 허락한다. 다만 지상에 도달할 때까지 절대 뒤를 돌아봐서는 안 된다는 조건이 붙어 있었다.

오르페우스는 아내 앞에 서서 부지런히 지하세계를 탈출했다. 이윽고 출구가 보이고, 지상의 빛이 희미하게 비치자 오르페우스는 문득 아내가 잘 뒤따르고 있는지 궁금해졌다. 무심결에 뒤를 돌아보는 순간 사랑하는 아내는 비명을 지르며 칠흑 같은 어둠속으로 연기처럼 빨려 들어갔다. 그리고 한 번 닫힌 저승의 문은 두 번 다시 열리지 않았다.

죽음은 부부의 사랑마저 매정하게 찢어 놓는다. 저승에 있는 아내를 데려오려는 오르페우스의 모험은 신기루를 붙잡으려는 것처럼 허망한 일이었다. 죽음의 강을 건넌 자를 데려온다는 것은 몽상에 불과하다. 죽음은 살아 있는 모든 것을 연기를 빨아들이듯 삼켜버린다. 성경의 〈야고보서〉는 인간은 한낱 안개에 불과하다고 말한다.

너희 생명이 무엇이냐.
너희는 잠깐 보이다가 없어지는 안개니라.

오르페우스의 아내가 연기처럼 죽음에 빨려 들어가는 것은 인간의 삶이 허망하다는 사실을 일깨워준다. 그런데 여기서 놀라운 일이 있다. 누구도 죽음의 신 하데스의 이야기를 아무리 들어도 그것이 곧 나의 이야기인 줄 깨닫지 못한다는 것이다. 인도의 경전 〈바가바드기타〉에는 이런 문답이 나온다.

"세상에서 놀라운 일들 가운데 가장 놀라운 것은 무엇이냐?"
"그것은 자기 주위에서 모든 사람이 죽는 것을 보면서도 아무도 자신이 죽으리라는 사실을 믿지 않는다는 것입니다."

죽음을 남의 일처럼 여기는 우리

인간은 죽음을 남의 일인 양 여긴다. 주위 사람이 죽는 것을 봐도 자신이 그렇게 죽을 운명이라고는 믿지 않는다. 가장 두려운 일이 죽음인데도 다들 자기만은 예외인 듯이 살아간다.

죽음의 신 하데스나 저승사자 이야기를 들어도 그저 나오는 거리가 먼 얘기로만 치부한다. 하데스의 보이지 않는 투구에 담긴 진정한 우의(寓意)가 여기에 있다. 하데스가 투구를 쓰고 다녀서 눈에 보이지 않는 게 아니다. 사람들이 죽음을 애써 외면하기에 죽음의 신이 보이지 않는 것이다.

톨스토이의 《이반 일리치의 죽음》에서도 세상에서 가장 놀랍다는 그 장면이 나온다. 잘나가는 판사로 꽤나 성공한 인생을 살고 있던 이반 일리치는 어느 날 갑자기 원인 모를 병에 걸려 죽음을 맞게 된다.

충격 속에서 이반 일리치는 '카이사르의 삼단논법'을 떠올리며 자신의 죽음을 부정한다. 즉 학창시절에 '카이사르는 인간이다. 인간은 죽는다. 그러므로 카이사르는 죽는다'는 삼단논법을 배웠지만, 정작 자신은 거기서 예외라고 생각했던 것이다.

카이사르는 죽어도 이반 일리치 자신이 죽는다는 것은 도저히 있을 수 없는 일이었다. 어떻게 카이사르가 나만의 특별한 추억과 감정, 그리고 생각을 지닌 이반 일리치와 같을 수 있단 말인가. 죽음의 병상에 누워서도 그는 죽음을 현실로 받아들이지 못한다.

흥미로운 사실은 이반 일리치의 동료들도 죽음에 대해 똑같은 반웅을 보인다는 점이다. 이반 일리치가 죽었다는 소식을 듣자 동료들은 애도의 마음보다는 그의 죽음으로 인한 자리 이동 등 이해득실부터 따진다. 그리고 죽은 게 내가 아니라 다른 사람이라는 사실에 안도감을 느낀다.

이반 일리치의 절친이었던 표트르 이바노비치도 마찬가지였다. 그는 예의상 어쩔 수 없이 문상을 가서 죽은 자를 바라보며 속으로 이런 생각들을 한다.

세상에 사흘 밤낮을 끔찍한 고통에 시달리고 나서야 겨우 숨을 거두다니! 사실 언제든, 아니 지금 당장이라도 나한테 똑같이 닥칠 수 있는 일이잖아.

이런 생각이 들자, 순간 그는 두려움에 사로잡힌다. 하지만 어찌된 조화인지 거의 동시에 "이건 이반 일리치에게 일어난 일이지 나한테 일어난 일이 아니야. 나는 이런 일을 겪을 리도 없고, 또 나한테 일어날 리도 없어"라는 지극히 평범한 생각이 그를 안심시킨다.

이것이 인간이다. 죽음을 눈앞에서 보고도 정작 자신의 죽음은 보지 못한다. 죽음이라는 유리창을 통해 타인만 쳐다볼 뿐, 그것을 거울삼아 나의 운명을 비춰볼 생각은 하지 못한다. 인간은 죽는다는 보편적 진리는 나의 개별적 사건과는 아무 상관이 없는 별개일 뿐이다.

모두 죽음을 외면하거나 망각하고 살아간다. '메멘토 모리(Memento Mori)', 즉 죽음을 기억하라는 라틴어 경구도 그것이 바로 나를 겨냥한 것이라고 깨닫지 못하고 그저 무덤덤하게 흘려버리는 모든 사람들에게 보내는 외침이다.

톨스토이의 소설에서 이반 일리치는 죽음 직전에야 그가 살아온 모든 인생이 거짓일 수 있다는 사실을 깨닫는다.

네가 살며 의지해왔던 모든 것은 다 거짓이고 기만이야. 너에게 삶과
죽음을 숨기고 있을 뿐이야.

이런 생각에 이반 일리치는 고통스러워한다. 죽음을 기억하지 않는 삶은 처음부터 거짓이고 기만이기에, 톨스토이는 소설 앞부분에서 이반 일리치의 삶을 이렇게 짧은 한 줄로 요약한다.

이반 일리치의 지나온 삶은 지극히 평범하고 일상적이면서 지극히
끔찍한 것이었다.

남들이 하는 대로 지극히 평범하고 일상적인 삶을 살았을 뿐인데, 그것이 끔찍한 삶이라고 한다. 그런 삶은 첫 단추부터 잘못 뀐 거짓이고, 기만이었다는 것이다. 이를 아무것도 돌이킬 수 없는 죽음 직전에야 발견하는 것은 더욱 끔찍한 일이다.

진정한 삶은 살고 나서 죽는 게 아니라 죽고 나서 사는 것이라고 한다. 죽음을 받아들이고 나서야 삶은 의미를 가지게 된다. 진정한 삶을 위하여 우리는 보이지 않는 죽음을 늘 바라보아야 한다.

죽음의 신 하데스는 오늘도 보이지 않는 투구를 쓰고 우리 주위를 배회하고 있다. 광화문 사거리에서, 강남대로에서 죽음은 터벅터벅 인파 사이를 걸어가고 있다. 죽음은 멀리 있는 것이 아니라 우리 삶의 한복판에 있다.

이제 내 곁에서 서성거리는 하데스가 눈에 들어오는가? 질문을 살짝 비틀어보자. 이탈리아 피렌체의 산타마리아 노벨라 성당에는 르네상스 화가 마사초(Masaccio)의 〈성 삼위일체〉라는 유명한 그림이 걸려 있다. 그 그림 하단에는 가로로 길게 누운 해골이 그려져 있고, 이런 섬뜩한 문구가 적혀 있다.

나도 한때는 당신과 같은 모습이었다.
당신도 미래에는 나와 똑같은 모습이 될 것이다.

이 글자 속에 숨어 있는 하데스의 으스스한 모습이 보이는가? 보이지 않는 것들은 마음으로 보아야 보인다. 죽음도 마찬가지다.

인간, 신을 창조하다

바다의 신,
포세이돈

제우스 다음가는 제2의 신으로 삼지창, 고래, 다랑어 같은 상징물을 갖고 있는 모습으로 묘사되는
바다의 신. 제우스, 하데스와 형제지간이며 괴물 메두사와의 사이에서 날개 달린 말 페가수스를
낳았다.

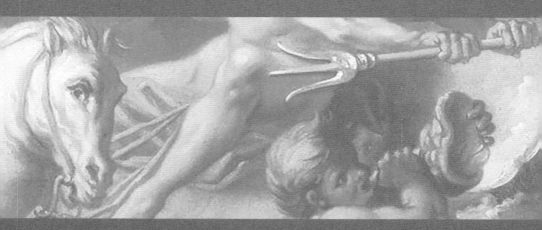

아무도 멈출 수 없는 격정의 바다

사랑의 상대는 고를 수 없다는 말이 있다. 사랑은 하는 게 아니라 빠지는 것이기 때문이다. 어느 날 우연히 운명의 모서리에서 마주친 사람에게 어쩔 수 없이 빠지게 되는 게 사랑이다. 그래서 사랑은 이성적이지 않다. 머리는 이건 아니라고 속삭여도 가슴은 주체할 수 없이 두근거린다.

　수만 가지 냉철한 논리는 단 하나의 뜨거운 감정 앞에 무력하게 무릎을 꿇는다. 멈출 수 있다면 사랑이 아니라고 했다. 사랑은 한 번 시작되면 열정을 다 불태우고 재가 될 때까지 멈출 수 없다는 것이다.

　바다의 신인 포세이돈의 세계가 그렇다. 그곳은 이성보다 감정의 지배를 더 받는 질풍노도의 세계다. 포세이돈은 분노하면 하늘을 찢어 비를 뿌리고, 바다를 뒤집어 해일을 일으킨다. 감정의 세계는 때로는 호수처럼 잔잔하지만 때로는 화산처럼 폭발하기도 한다. 그래서 그리스신화의 포세이돈은 지진과 해일, 폭풍을 일으키는 신으로 나온다.

　로마신화에서 넵투누스로 불리는 포세이돈은 '트리아이나'라고 불리는 삼지창을 들고 다닌다. 즉, 비와 바람과 구름이 그의 무기다. 비와 바람과 구름이 한데 섞여 휘몰아치면 태풍이 된다. 모든 것을 쓸어버리는 태풍은 삼지창을 휘두르며 나아가는 포세이돈의 위용을 보여준다.

　위성사진으로 보면 태풍은 커다란 바람개비를 닮았다. 바람과 구름과 파도를 엮어 빙빙 돌리는 것은 바로 포세이돈의 삼지창이라고 할 수 있다. 또 태풍 한가운데 자리한 태풍의 눈은, 이글이글 타는 것이 영락없는 포세이돈의 눈동자다.

　열대의 바다에서 태어난 태풍은 진로가 예측 불허다. 사랑의 열정이 그렇듯이 태풍은 스스로 기진맥진하여 소멸할 때까지 아무도 멈출 수 없다. 포세이돈이 다스리는 감정의 바다도 스스로 잦아들 때까지 누구도 그 격한 풍랑을 재울 수는 없다.

　주위를 둘러보면 포세이돈을 닮은 사람들이 의외로 많다. 욱 하고 일을 저지르는 이들은 그 안에서 포세이돈이 포효하고 있기 때문이다. 얼마 전, 아파트 외벽에서 작업하는 사람의 휴대폰 소리가 시끄럽다며 옥상에 매어놓은 밧줄을 끊어버려 추락사하게 만든 사건이 있었다. 줄을 자르면 사람이 떨어져 죽는다는 걸 뻔히 알면서도 치미는 분노에 이성이 마비된 것이다.

　극단적인 경우지만 포세이돈의 지배를 받는 사람은 이렇게 말릴 수가 없다. 감정은 이성이 파국을 경고해도 막무가내다. 그러기에 포세이돈 유형의 사람들이 가는 곳에는 폭풍이 몰아치고 비극적 사건들이 파편처럼 나뒹군다.

우리 모두의 마음속에 살아 있는 포세이돈

영국 작가 에밀리 브론테(Emily Brontë)는 《폭풍의 언덕》에서 좋은 사례 하나를 제시한다. 남주인공 히스클리프는 여주인공 캐서린과의 운명적 사랑에 빠져 주변사람은 물론 자신까지 파멸시키고 만다.

광기와 집착의 화신 히스클리프에게서 포세이돈이 보인다. 18세기 말 빅토리아시대 영국 요크셔지방의 황량한 들판에 나타난 포세이돈이 어떤 스토리를 써나갔을지 잠시 살펴보자.

히스클리프와 캐서린은 '폭풍의 언덕'이라는 이름이 붙은 집에서 만나 폭풍처럼 휘몰아치는 사랑을 나눈다. 두 사람의 사랑은 스스로 선택한 게 아니다. 캐서린의 아버지 언쇼가 어느 날 거리의 떠돌이 소년 히스클리프를 집으로 데려오면서부터 운명의 드라마는 시작된다.

캐서린의 오빠인 힌들리는 아버지가 히스클리프를 편애할수록 그를 학대하고, 캐서린은 학대당하는 히스클리프의 안타까운 모습을 보며 그에게 깊은 유대감을 느끼고 빠져든다.

고아 출신인 히스클리프와 농장주의 딸인 캐서린이 자연스러운 한 쌍은 아니다. 하지만 사랑의 감정은 원래 이해할 수 없는 것이다. 조건이 맞지 않아도, 미래가 불확실해도 격류에 몸을 던지듯 그냥 뛰어든다.

캐서린과 히스클리프의 사랑은 시간과 공간, 죽음마저도 뛰어넘는다. 《폭풍의 언덕》에서 가장 인상적인 대목 중 하나는 캐서린이 "내가 바로 히스클리프"라며 사랑의 감정을 토로하는 장면이다.

내가 이 세상에서 맛본 크나큰 아픔들은 모두 히스클리프가 당한 아픔이었어. …모든 것이 죽어 없어져도, 그가 남아 있다면 나는 계속 있는 거야. 그러나 다른 모든 것은 있어도 그가 사라진다면, 우주는 아주 낯선 곳이 되고 말거야. …내가 바로 히스클리프야. 그는 언제나 내 마음속에 존재하니까. 꼭 기쁨으로 있는 것만은 아니야. 내 자신이 내게 늘 기쁨일 수가 없는 것처럼. 그는 바로 나 자신으로 내 마음속에 있는 거야.

캐서린은 자기가 죽어 없어져도 히스클리프가 살아 있다면 자신은 계속 존재하는 것이라고 말한다. 히스클리프 또한 20여 년의 세월이 지난 후에 이런 고백을 함으로써 두 사람이 한 영혼으로 묶여 있음을 보여준다.

그녀와 연관되지 않은 게 뭐가 있기에? 그녀 생각을 불러일으키지 않는 게 있어야 말이지! 이 바닥을 내려다보기만 해도 깔려 있는 돌마다 그녀 모습이 떠오른단 말이야! …온 세상이 그녀가 존재했고, 내가 그녀를 잃었다는 끔찍한 기억을 모아놓은 진열장이야!

캐서린을 향한 히스클리프의 집착은 광기 그 자체였다. 그는 죽은 연인의 무덤을 파헤쳐 그 시체를 끌어안을 정도로 광기 어린 집착을 보여준다. 그런 강렬한 사랑과 증오를 바탕으로, 히스클리프는 캐서린 집안과 그녀와 결혼한 린턴 가문에 대한 끈질긴 복수극을 완성한다.

캐서린이 린턴 가문의 미남 청년 에드거의 구혼을 받아들인 사실을 알게 된 히스클리프는 자취를 감췄다가 3년 뒤 부유한 신사가 되어 나타난다. 그리고 자신을 학대했던 힌들리를 도박판으로 꾀어 전 재산을 빼앗고, 그의 아들 헤어턴까지 학대해 자신이 당한 것을 보복한다.

그뿐만 아니라 복수의 수단으로 에드거의 여동생 이사벨라를 유혹해 아내로 삼고, 캐서린에게 접근해 에드거를 괴롭힌다. 그리고 자기 아들을 캐서린의 딸과 결혼시킴으로써 에드거의 재산까지 손에 넣는다.

이 과정에서 히스클리프와 관계된 사람들은 모두 죽고, 혼자 남은 히스클리프는 밤마다 유령처럼 캐서린의 무덤 근처를 떠돌다 마침내 눈을 뜬 채로 세상을 떠나고 만다.

황량한 요크셔의 들판을 파멸의 폭풍으로 휘저은 히스클리프 이야기에서 태풍을 빙빙 돌리고 있는 포세이돈의 거대한 손길을 읽을 수 있다. 괴기스러우면서도 신비로운 소설의 흡인력은 바로 시시각각 빛깔이 변하는 바다의 신 포세이돈의 매력이기도 하다.

《폭풍의 언덕》이 숱한 번역본과 함께 영화로도 계속 각색되고 있는 것은 지금도 사람들의 마음속에서 포세이돈이 살아 숨 쉬고 있다는 증거다. 히스클리프가 보여준 사랑과 증오, 배신감과 복수심 등은 인간의 원초적 감정이기에 그의 이야기는 시공을 초월한 보편성을 얻는다.

바다는 신화시대의 그 모습 그대로다

그리스신화에서도 포세이돈은 감정에 쉽게 휩쓸리며 복수에 집요한 모습을 보인다. 그가 지혜의 여신 아테나와 영토 경쟁에서 패하는 이야기는 상징적이다.

포세이돈과 아테나가 그리스 중부에 있는 아티카의 한 도시를 차지하기 위해 치열하게 맞서자, 다른 신들이 중재에 나서 둘에게 과제를 내줬다. 시민들에게 가장 이로운 것을 선물하는 신이 그 도시의 수호신이 되라는 내용이었다.

포세이돈은 삼지창으로 바위를 쳐서 바닷물처럼 짠 샘물이 솟아나게 했고, 아테나는 열매를 주렁주렁 맺은 올리브나무를 자라게 했다. 시민들은 당연히 기름도 짜고 땔감으로도 쓸 수 있는 올리브나무를 좋아했다.

결국 아테나 여신이 그 도시의 수호신이 되었고, 도시 이름도 아테네로 불리게 되었다. 이는 이성(지혜의 여신)과 감정(바다의 신)이 대결해서 이성이 승리한 것이라고 풀이할 수 있다.

그런데 다혈질의 포세이돈이 경쟁에서 패하고 가만히 있을 리 없었다. 발끈한 포세이돈은 아티카 지방에 홍수를 보내 잠기게 함으로써 앙갚음을 했다. 포세이돈은 거칠고 변덕스러운 바다를 상징하는 신이다.

그는 파도가 으르렁거리듯이 아주 사납고 성급하게 흥분한다. 힘은 세지만 다분히 감정에 치우쳐 파괴적인 행동을 일삼는다. 제우스의 형으로 올림포스의 신들 가운데 최고 연장자 축에 속하지만, 사려 깊은 행동에서는 다른 신보다 뒤처진다.

포세이돈의 욱하는 성격은 트로이 전쟁에서도 잘 드러난다. 포세이돈은 신들의 왕인 제우스를 권좌에서 몰아내려는 음모에 가담했다가 실패하고, 그 벌로 트로이 성벽을 쌓게 된다. 그런데 트로이 왕이 성벽을 쌓은 것에 대한 보수를 거부하자 화가 나서 해일과 홍수를 일으키고 바다의 온갖 괴물을 보내 괴롭힌다. 트로이 전쟁에서도 포세이돈은 당연히 그리스 편을 들어 직접 전투에 참가한다.

하지만 막상 트로이가 함락되어 그리스 군에 의해 자신이 손수 쌓은 성이 파괴되고 도시가 불태워지는 것을 본 포세이돈은 다시 마음이 변한다. 그리고 방화와 약탈을 일삼은 그리스 군들을 귀향

길의 바다 위에서 하나씩 처치한다.

포세이돈은 신전에서 왕녀를 겁탈한 아이아스의 배들을 폭풍우로 난파시키고, 아이아스가 간신히 바위섬으로 기어오르자 삼지창으로 바위를 쪼개 끝내 익사시킨다. 아이아스는 그리스신화의 영웅 중 한 사람으로 몸집은 작았지만 트로이 전쟁의 다른 영웅들과 어깨를 나란히 할 만큼 힘이 셌다. 하지만 무척 오만해서 문제를 많이 일으키는 사람이기도 했다.

포세이돈은 트로이 함락에 결정적인 공을 세운 인물인 오디세우스의 귀향도 끝까지 방해한다. 트로이목마를 고안한 지략가로 유명한 그가 자신의 아들인 폴리페모스의 눈을 멀게 했기 때문이다.

호메로스(Homeros)의 서사시 〈오디세이아〉는 트로이전쟁을 마친 오디세우스가 아내와 아들이 기다리는 자신의 왕국 이타케로 귀환하기까지 10년 동안의 고난과 모험을 그리고 있다. 10년 동안이나 바닷길에서 떠돌게 된 것은 포세이돈의 복수 때문이다.

트로이를 떠나 귀향하던 오디세우스는 외눈박이 괴물인 폴리페모스의 동굴에 갇히게 된다. 폴리페모스가 매일 부하를 잡아먹자 오디세우스는 그에게 술을 먹여 곯아떨어지게 한 뒤 장대로 눈을 찔러 동굴을 탈출한다. 폴리페모스는 아버지 포세이돈에게 복수를 빌었고, 그로부터 오디세우스의 귀향길은 험한 풍랑에 휩쓸리게 된다.

포세이돈의 방해로 오랫동안 표류하던 오디세우스는 마침내 해양 부족 파이아케스의 나라에 벌거벗겨진 채 도착해서, 그곳의 착한 공주 나우시카의 호의로 고향에 돌아갈 배를 얻는다.

복수가 수포로 돌아가자 발끈한 포세이돈은 파이아케스의 배들을 모조리 돌로 만들어버렸고, 그들이 다시는 항해할 수 없도록 항구 앞에 높은 산을 들어다 놓아 바다로부터 영영 분리시킨다. 화가 나면 아무도 못 말리는 포세이돈다운 처사였다.

포세이돈이 포효하던 바다는 지금도 변함없이 그 자리에 누워 있다. 허연 이빨을 드러내며 으르렁거리는 파도도 여전히 바닷가 모래밭을 쉼 없이 핥고 있다. 수천 년의 세월이 흘렀어도 바다는 신화 시대의 그 모습 그대로다.

인간의 마음속에서 출렁거리는 감정의 파도도 무수한 세월과 상관없이 옛 사람들이 느꼈던 그대로 출렁거린다. 몸은 늙어도 감정은 늙지 않는다. 인간이 느끼는 감정에는 진화도, 노화도 없다. 사랑도 미움도 분노도 예나 지금이나 변함없이 수많은 인생을 질풍과 노도 속으로 빨아들이고 있다.

포세이돈이 일으키는 풍랑이 지치지도 잠들지도 않는다는 것이 꼭 부정적인 것만은 아니다. 풍력과 조력(潮力) 발전에서 보듯이 감정의 파도도 잘만 다스리면 무한 에너지의 원천이 될 수 있다. 인간의 이성은 험난한 바다에도 뱃길을 내지만, 그 배를 나아가게 하는 것은 바람과 파도다.

이성보다 감정에 치우친 포세이돈도 잘만 다스리면 발전적 에너지로 활용할 수 있다. 히스클리프가 보여주듯이 일생에 걸쳐 복수 드라마를 완성하는 무시무시한 파괴적 에너지도 방향만 돌리면 어마어마한 창조의 에너지가 될 수 있다는 얘기다. 태양이 에너지원이듯이 바다도 무한한 에너지원이다. 실제로 그리스신화에서 포세이돈이 파놓은 샘물은 예술적 영감이 솟아나는 샘으로 통한다.

인생이 꼭 이성적으로 펼쳐지는 것은 아니다. 행복은 성적순이 아니라는 유행어처럼 삶은 일정한 기준에 따라 합리적으로 움직이지만은 않는다. 이성적 판단을 비웃는 감정의 세계가 있기 때문이다. 그래서 삶은 늘 예측 불허이고, 짜릿한 반전과 감동이 있다. 포세이돈으로 상징되는 거친 감정의 세계가 있기에 인생은 살아가는 묘미가 있는 것이다.

내 속에는 아무도 못 말리는 포세이돈이 꿈틀거리고 있다. 비와 바람과 구름의 삼지창으로 어떤 드라마를 써나갈 것인가. 복수냐 화해냐, 파괴냐 창조냐. 구약성서 〈호세아〉에 바람을 심어 광풍을 거둔다는 말이 있다. 내 인생을 송두리째 뒤흔들 폭풍의 씨앗은 지금 내 마음 어딘가에 심겨져 있다.

인간, 신을 창조하다

Hera

복수의 화신,
헤라

올림포스 12주신 중 하나로 제우스의 아내이자 결혼생활의 수호신. 바람둥이 남편의 숱한 애정 행
각에 질투심에 불타는 복수의 화신이 되어, 그와 관계한 수많은 여성들과 자식들에게 가혹한 박해
를 가한다.

바람둥이 남편과 질투하는 아내

'남자는 여자하기 나름'이라는 광고 문구가 인기를 끈 적이 있다. 그런데 그 반대도 마찬가지다. 여자도 남자하기 나름이다. 소크라 테스의 아내 크산티페가 그냥 악처가 된 것은 아니다. 남편이 제자 들을 가르치는 일에만 열중해 가족 부양을 소홀히 했기에 불평과 잔소리를 심하게 하게 된 것이다. 함민복 시인은 〈부부〉라는 시에 서 부부의 관계를 '긴 상'을 드는 것에 비유해 한 발 한 발 맞춰 나 가야 하는 것임을 노래한다.

부부로 산다는 것은 시인의 말처럼 긴 상을 마주 들고 가는 것과 같다. 서로 보조를 맞춰 한 발, 또 한 발 조심스럽게 나아가야 한다. 상대가 딴짓을 하면 상이 엎어지고 만다. 기우뚱하여 넘어졌다고 그 사람을 탓하면 안 된다. 한 쪽이 먼저 실수했기에 다른 쪽이 꽈 당 하고 넘어지는 것이다.

독부, 요부, 팜므파탈 등으로 일컬어지는 악녀도 마찬가지다. 손 뼉도 마주쳐야 소리가 나는 법이다. 악한 여자들 뒤에는 그에 못지 않게 악한 남자들이 자리 잡고 있게 마련이다. 제우스의 정실부인 인 헤라의 경우가 그렇다.

그리스신화에서 헤라는 결혼과 정절의 수호신이지만 복수와 질투의 화신이기도 하다. 천계의 여왕인 헤라가 그냥 악녀 역할을 하게 된 것은 물론 아니다. 난봉꾼 제우스의 못 말리는 바람기에 시달리다 뒤끝이 매서운 질투의 여왕이 된 것이다.

바람피우는 남편들을 보면 아내가 미인인 경우가 의외로 많다. 아내가 못 생겨서 외도하는 게 결코 아니라는 얘기다. 헤라도 그랬다. 헤라는 크로노스와 레아의 딸로 당당한 위엄과 빼어난 외모의 주인공이었다. 눈처럼 흰 피부에 크고 검은 눈을 가진 그녀는 미의 여신 아프로디테와 지혜의 여신 아테나와 함께 어깨를 나란히 할 정도로 아름다움이 눈부셨다.

제우스와 헤라는 올림포스에서 신들의 축하를 받으며 성대하게 결혼식을 치렀다. 뮤즈 여신들이 음악을 연주했고, 우아함의 여신 카리테스들이 춤을 추었다. 운명의 여신 모이라이 자매가 축가를 불렀고, 모든 신들이 축복하는 가운데 결혼행진을 했다.

헤라는 제우스와의 사이에서 전쟁의 신 아레스와 청춘의 신 헤베, 출산의 신 에일레이티아 등 삼남매를 낳았다. 그리고 남편의 힘을 빌리지 않고 홀로 잉태하여 대장장이의 신 헤파이스토스를 낳았다.

영국 격언에 "하루가 행복하려면 이발을 하고, 일주일이 행복하려면 결혼을 하고, 한 달이 행복하려면 말을 사고, 1년이 행복하려면 집을 사라"는 말이 있다. 결혼이 고작 일주일의 행복밖에 안 된다는 것은 너무 과한 느낌이 들지만, 그만큼 신혼의 단꿈은 금세 날아간다는 뜻일 것이다.

제우스와 헤라의 행복도 그리 오래 가지 않았다. 제우스가 끊임없이 다른 여자에게 한눈을 팔며 외도를 일삼았기 때문이다. 사랑과 미움은 동전의 양면처럼 붙어 있다. 꼬리에 꼬리를 문 남편의 부정에 질린 헤라는 치를 떨며 복수를 결심한다.

헤라는 폭군 같은 제우스에게 은근히 불만을 품고 있던 포세이돈과 아폴론의 도움을 얻어 잠자고 있던 제우스를 쇠가죽 끈으로 꽁꽁 묶어버리고는 쉽게 풀 수 없도록 100개나 되는 매듭을 만들어 놓는다.

이로써 천상의 쿠데타는 성공 일보 직전까지 가지만, 몰래 이를 지켜보고 있던 바다의 요정 테티스가 일을 망친다. 제우스를 연모했던 테티스는 땅속 깊은 곳에 있는, 팔이 100개나 되는 거인 브리아레오스를 데려와 그를 구출한다. 100개의 손을 가진 거인이 100개의 매듭을 푸는 것은 식은 죽 먹기였다. 풀려난 제우스는 반란을 꾸민 헤라를 황금 포승으로 묶어 한동안 하늘에 매달아 놓음으로써 분풀이를 한다.

질투, 마음을 잡아먹는 파란 눈의 괴물

그 뒤로 헤라는 더 이상 제우스에게 대들지 못하고 복수의 방향을 바꿔 제우스가 사랑했던 여인들을 가혹하게 응징하기 시작한다.

여자에게는 요부와 성녀의 모습이 공존한다고 했던가. 헤라는 정숙한 결혼생활의 수호신이지만, 연적에게 벌을 내릴 때는 싸늘한 요부로 표변한다. 제우스의 무수한 애정행각만큼이나 헤라의 복수 스토리도 다양하다. 그 중에서 곰으로 변한 칼리스토와 암소로 변한 이오 이야기를 맛보고 넘어가자.

칼리스토는 달과 사냥의 여신 아르테미스를 섬기는 요정이었다. 어느 날 숲속에서 사냥을 하다가 쉬고 있는데, 제우스가 아르테미스로 변신해서 다가왔다. 숲속의 미녀를 발견하고 흑심을 품은 제우스가 아내 헤라에게 들키지 않고 조용히 덮치기 위해 아르테미스로 변신한 것이다.

구약성서에는 '세상에 알 수 없는 것이 공중에 독수리가 날아간 자취와 바위에 뱀이 지나간 자취와 남자와 여자가 함께 한 자취'라는 말이 나온다. 하지만 제우스가 칼리스토를 덮친 자취는 감출 수가 없었다. 그녀의 배가 점점 불러왔기 때문이다.

마침내 어느 더운 여름날 아르테미스와 함께 계곡에서 목욕을 하던 칼리스토는 순결을 잃은 게 발각되어 쫓겨나고 만다. 제우스의 씨를 잉태한 칼리스토는 아들을 낳았는데 질투의 여왕 헤라가 이를 그냥 놔둘 리 없었다. 헤라는 저주를 내려 칼리스토를 곰으로 변하게 만들었다.

칼리스토의 불행은 이것이 전부가 아니었다. 세월이 흘러 칼리스토는 산속에서 우연히 젊은 사냥꾼과 마주친다. 한눈에 자신의 아들임을 알아본 칼리스토는 반가운 나머지 자신이 곰이라는 것도 잊고 안으려고 다가가지만, 아들은 아무것도 모르고 어머니를 향해 창을 들어 찌르려고 한다. 이 기막힌 장면을 본 제우스는 회오리바람을 보내 이들을 하늘로 끌어올려 큰곰자리와 작은곰자리라는 별자리가 되게 함으로써 참극을 막는다.

이것을 못마땅하게 본 헤라는 당장에 대양(大洋)의 신 오케아노스를 찾아가 두 별자리를 받아들이지 못하게 만든다. 그 결과 큰곰자리와 작은곰자리는 밤이 되어도 다른 별들처럼 바다에 들어가 쉬지 못하고 북극성 주위를 계속해서 빙빙 돌게 되었다.

헤라의 불타는 복수심은 암소로 변한 이오를 괴롭히는 데서도 잘 드러난다. 이오는 강의 신 이나코스의 예쁜 딸이었다. 이오에게 반한 제우스는 검정 구름으로 주위를 컴컴하게 만들어놓고 사랑을 나누었다.

지상에서 때아닌 먹구름이 피어오르자 헤라의 의심도 뭉게뭉게

피어올랐다. 불륜 현장을 덮치기 위해 헤라가 다가가자 제우스는 재빨리 이오를 암소로 변신시키고 시침을 뗐다.

하지만 여자의 직감은 바늘 끝보다 예리하다. 사태를 눈치챈 헤라는 짐짓 모른 체하며 암소를 선물로 달라고 했다. 이마저 거절하면 더 의심을 살 것 같아 제우스는 마지못해 암소를 건넨다.

헤라는 100개의 눈을 가진 거인 아르고스에게 암소를 감시하도록 맡겼다. 아르고스는 잠잘 때도 두 개의 눈만 감고 나머지는 뜨고 있기에 이오는 도망칠 수 없었다. 이오는 풀을 뜯어먹는 신세가 된 것을 한탄하며 '음매, 음매' 울었다.

암소의 울음소리를 들을 때마다 제우스는 멀쩡한 여자를 저렇게 만들었다는 가책에 미칠 지경이었다. 견디다 못한 제우스는 이오를 구출하기 위해 전령의 신 헤르메스를 보내고, 헤르메스는 나른한 피리소리로 아르고스의 눈을 감긴 뒤 수면지팡이를 써서 더 깊이 곯아떨어지게 만든다. 그리고 잠든 아르고스의 목을 단칼에 베어버리고 이오를 탈출시킨다.

이를 안 헤라는 아르고스의 죽음을 슬퍼하며 100개의 눈을 떼어내 공작의 꼬리에 붙이고, 쇠파리를 보내 암소 이오를 성가시게 쫓아다니게 함으로써 끝까지 괴롭힌다. 마침내 제우스가 아내 헤라에게 다시는 이오를 만나지 않겠다고 싹싹 빌고 나서야 암소 이오는 인간의 모습으로 돌아올 수 있었다.

쇠파리에 시달리며 떠돌아다닐 때 이오가 건넌 바다는 지중해의 일부인 이오니아 해로 불리게 되었고, 이집트로 피신한 이오는 왕자와 결혼하여 이시스 여신으로 경배받게 된다.

셰익스피어(Shakespeare)의 《오셀로》에 따르면 질투는 사람의 마음을 잡아먹는 초록 눈의 괴물이다. 헤라는 질투심에 사로잡혀 자신의 연적들을 짐승으로 만들어버렸다. 복수심에 눈이 먼 질투는 이렇게 괴물 같은 결과를 낳기도 한다.

질투하지 않는 사람은 연애할 수 없다

놀랍게도 신화가 아니라 실제 역사에서 질투의 대상을 짐승으로 만들어버린 사례가 있다. 한나라 고조인 유방(劉邦)의 아내 여후(呂后)가 그 주인공이다. 사마천이 기록한 《사기》의 〈여태후 본기〉는 이런 문장으로 시작한다.

여후는 유방이 동네 건달로 미천했던 시절의 아내이다. 뒤에 효혜제와 노원태후를 낳았다. 유방이 출세하여 한왕(韓王)이 되었을 때 척희(戚姬)를 얻어 총애했다.

중국 사상 최초의 여자 황제인 여태후에 대한 기록인데, 뜻밖에도 서두부터 연적의 이름이 등장한다. 남편의 사랑을 빼앗긴 여후의 질투심이 잔인한 복수 스토리를 엮어갈 것임을 암시하고 있다. 실제로 유방이 죽자마자 천하 권력을 손에 쥐게 된 여후는 척희를 상대로 그동안 별렀던 잔혹한 복수극을 펼친다.

　　여후는 척희를 체포해 먼저 팔과 다리를 자르고 척희의 아름다운 눈마저 도려내 장님으로 만들었다. 또 귀에는 끓는 기름을 쏟아 부어 듣지 못하게 했고, 입에는 벙어리가 되는 독약을 먹여 말을 못하게 만들었다.

　　그러고도 분이 안 풀린 여후는 척희를 변소에 가둬놓고 인분을 먹게 한 뒤 '사람돼지(人豚)'라고 불렀다. 이렇게 해서 척희의 아름다운 육체는 돼지로 변하고 말았다.

　　얼마 뒤 여후는 아들 혜제(惠帝)를 불러 사람돼지를 구경시켰다. 혜제는 어머니가 저지른 기막힌 악행을 보고 충격을 받아 큰 소리로 통곡했다. 그리고 자리에 누워 1년 동안 끙끙 앓았다. 혜제는 사람을 보내 여후에게 이렇게 전했다.

　　"이건 인간이 할 짓이 아닙니다. 태후의 아들인 저로서는 이런 꼴을 보고는 도저히 천하를 다스릴 수 없습니다."

　　그로부터 혜제는 매일 술과 향락에 빠져 지내며 정사를 돌보지 않았다. 그리고 병을 얻어 결국에는 일찍 세상을 뜨고 말았다. 질투라는 초록 눈의 괴물에 마음을 잡아먹힌 여후는 상대뿐만 아니라 자신의 아들마저 파멸로 이끈 것이다. 중국 최초의 여제 여후는 질투의 여신이었던 헤라의 또 다른 모델이었다고 할 수 있다.

질투하지 않는 사람은 연애를 할 수 없다는 말이 있다. 사랑에는 반드시 질투가 따른다는 의미다. 반대로 사랑하지 않으면 질투도 하지 않게 된다. 예컨대 길거리에서 어느 커플이 팔짱을 끼고 간다고 해서 질투하지는 않는다. 하지만 그 한 사람이 내 연인이라면 눈에 전기 스파크가 일어나게 마련이다. 질투는 사랑의 또 다른 모습이다.

질투는 여자의 전유물이 아니라 남자들도 갖고 있다. 원래 헤라 (Hera)라는 단어는 영웅을 뜻하는 '헤로스(Heros)'의 여성형이다. 결혼생활의 수호신이자 질투의 화신인 헤라는 정의의 수호자이자 경쟁자를 꺾으려는 강한 호승심의 소유자인 영웅의 모습이기도 하다. 질투심은 영웅을 만드는 긍정적 에너지원이 되기도 한다.

흔히 악마가 천사의 동생이듯이 질투는 사랑의 누이라고 말한다. 내 마음에 자리 잡고 있는 헤라 여신을 질투의 화신으로 만들 것인가, 사랑의 수호신으로 만들 것인가. 남자는 여자 하기 나름이고 여자는 남자 하기 나름이라고 했다. 내 안의 질투심이 악마로 변할지, 천사로 변할지는 내가 하기 나름이다.

인간, 신을 창조하다

Hestia

불의 여신,
헤스티아

화덕을 지키고 가정의 질서를 담당하는 여신. 제우스와는 남매 사이다. 올림포스 12신의 첫 번째 세대에 속했지만, 후에 등장한 디오니소스에게 자리를 내주었다. 포세이돈과 아폴론에게 구애를 받지만 모두 거절하고 평생 처녀로 산다.

자존심과 자존감의 차이

자존심을 세우기보다 자존감을 높이라는 말들이 무성하게 오간다. 자존심과 자존감의 차이는 무엇일까? 소통 전문가이자 인기강사인 김창옥 씨는 "자존심은 '내가 잘났다'고 생각하는 마음이고, 자존감은 '내가 소중하다'고 생각하는 마음이다"라고 설명한다.

　예컨대 짝퉁을 걸쳤을 때 사람들이 '그거 싸구려 아냐?'라고 하면 기분이 나빠지는 건 자존심이다. 반면에 '어, 어떻게 알았지?' 하고 여유롭게 응수하는 건 자존감이다. 자존심이 센 사람은 남이 깔보면 발끈하지만 자존감이 높은 사람은 남이 어떻게 보든 상관없이 언제나 당당하다. 스스로 나를 소중한 존재라고 여기고 있기 때문이다. 한 마디로 자존심은 남이 높여주는 것이고, 자존감은 내가 스스로를 높이는 것이다.

　그리스신화에서 '불과 부뚜막의 신'인 헤스티아가 그런 자존감으로 충만한 여신이다. 헤스티아는 제우스의 누이로, 크로노스와 레아 사이에서 태어난 여섯 남매들 가운데 맏딸이다.

　수줍고 온화한 성격의 헤스티아는 늘 혼자만의 세계를 즐기며 자신을 잘 드러내지 않는다. 영원히 처녀로 살 것을 다짐하고 집안의 화덕을 지키며 밖으로 나다니지 않았기 때문에 이렇다 할 이야깃거리도 없다.

그래서 올림포스의 다른 신들에 비해 존재감이 거의 없지만, 남들이 몰라준다 해도 헤스티아는 아무 상관이 없었다. 조용히 타오르는 불꽃처럼 그녀는 늘 자존감으로 충만해 홀로 빛나고 있었다.

제우스가 아들 디오니소스에게 올림포스 12신의 지위를 주고 싶어 했을 때도 헤스티아는 기꺼이 자리를 양보하고 물러났다. 싸움을 싫어하고 평화를 사랑하는 그녀는 트로이전쟁으로 신들이 양 편으로 갈려 치열하게 싸우고 있을 때도 관여하지 않고 조용히 집안에서 화덕의 불을 지폈다.

이런 그녀의 은은한 매력에 반한 바다의 신 포세이돈과 태양의 신 아폴론이 청혼 경쟁을 벌인 적이 있다. 하지만 포세이돈의 풍부한 감성도, 아폴론의 단단한 지성도 헤스티아의 마음을 사로잡지는 못했다. 그녀는 제우스에게 영원한 순결을 맹세함으로써 그들의 구애를 거절했다. 충만한 자존감으로 혼자만의 세계를 지켜가는 헤스티아에게 번잡한 사랑 다툼은 다른 나라 이야기일 뿐이었다.

제우스는 결혼의 기쁨을 포기한 처녀 신 헤스티아에게 모든 인간의 집에서 중앙의 자리를 차지하고 인간이 바치는 제물을 가장 먼저 받는 영예를 허락했다. 원래 고대 그리스에서 화덕은 집안의 중심이었다.

아득한 옛날 인류가 불을 발견하고 사용한 이래로 불씨를 보관해

나가는 화덕은 가장 소중하고 신성한 장소였다. 인류는 화덕을 중심으로 가정생활을 영위했고, 또 문화를 꽃피워나갔다. '불과 부뚜막의 여신' 헤스티아가 집안의 중심 자리를 차지하고 가장 먼저 제물을 받는 영예를 누리는 것은 이런 고대 생활상이 투영된 당연한 결과라고도 할 수 있다.

불이 있으면 사람들은 저절로 모여든다. 헤스티아와 같이 자존감으로 충만한 사람들이 그렇다. 굳이 자신을 나타내지 않아도 존재가 알려지고 이름이 저절로 높아진다.

꽃은 숨길 수 있어도 향기는 숨길 수 없는 것과 마찬가지다. 반면에 자존심이 센 사람은 고슴도치와도 같다. 자존심을 꼿꼿이 세울수록 사람들로부터 인정받기보다 따돌림을 당하게 된다.

자존감은 자존심보다 강하다. 부드러움이 강함을 이기는 것은 변하지 않는 세상의 이치다. 온화한 헤스티아의 높은 자존감은 천하 영웅들의 굳센 자존심보다 강력한 힘을 발휘한다. 자존심이 센 사람은 쉽게 부러지지만 자존감이 높은 사람은 어떤 상황에서도 쉽게 무너지지 않는다.

조용히, 그러나 뜨겁게 타오르는 불꽃

실제 역사에서도 이를 쉽게 확인할 수 있다. 중국 초나라의 영웅 항우(項羽)와 한나라의 명장 한신(韓信)의 엇갈린 운명이 좋은 예다. 명문가 출신의 항우는 자존심의 사나이다. 초나라의 명장 항연(項燕)의 손자인 항우는 키도 훤칠하고 힘도 장사였다.

역발산기개세(力拔山氣蓋世), 즉 '힘은 산을 뽑아버릴 정도이고, 기운은 온 세상을 덮을 만하다'는 유명한 표현은 항우의 트레이드 마크다. 가문도 좋고 실력도 출중한 항우는 하늘을 찌를 듯한 자신 감으로 군사를 일으켜 삽시간에 온 천하를 석권했다.

항우는 사면초가에 싸여 최후를 맞기까지 7년 동안 70여 차례의 전투를 벌여 단 한 번도 패하지 않았다. 하지만 해하 전투에서 일생에 처음으로 패배를 당하자 굴욕감을 견디지 못하고 자결했다.

굽힐 줄 모르는 항우의 자존심이 단 한 번의 패배로 뚝 부러지고 만 것이다. 《사기》는 도피하여 연명하기보다 죽음을 택하는 그의 심경을 이렇게 기록하고 있다. 배를 준비하고 기다리던 부하가 말했다.

"어서 강을 건너십시오. 강동 땅이 비록 좁다지만, 땅이 사방 천 리나 되며 백성은 수십만입니다. 그곳도 왕 노릇하기에 충분합니다."

그러자 항우가 껄껄 웃으며 대답했다.

"나는 강동의 8천여 장정들을 데리고 강을 건너왔는데, 지금은 한 사람도 남지 않았다. 설령 강동의 백성들이 나를 왕으로 추대할지라도 내가 무슨 면목으로 그들을 보겠는가?"

부하를 다 잃어 시쳇말로 쪽팔려서 못 살겠다는 것이다. 항우의 이런 콧대 높은 자존심은 일생에 단 한 번의 패배도 견디지 못하고 스스로 목숨을 끊게 만들었다.

반면에 명장 한신은 이보다 더 노골적인 모욕도 태연히 참아낸다. 한신은 항우와 달리 굶기를 밥 먹듯이 하는 가난한 집안 출신이었다. 남의 집에 빌붙어 밥을 얻어먹다 쫓겨날 정도로 고단한 처지였지만 항상 칼을 차고 다닐 정도로 뜻만은 높았다. 밖에서는 남들에게 거지 취급을 받았지만 안으로는 자존감이 충만했던 것이다.

한신이 밥을 빌어먹는 주제에 칼을 차고 다니는 게 꼴같잖았는지, 한번은 동네 건달이 그에게 시비를 걸었다. 《사기》의 기록을 보면 이렇다. 한신을 멸시하는 젊은이가 말했다.

"네가 비록 몸뚱이가 커서 칼을 차고 다닌다마는 실은 겁쟁이일 뿐이다."

사내는 여기서 그치지 않고, 사람들 앞에서 모욕을 주며 이렇게 덧붙였다.

"겁쟁이가 아니라면 그 칼로 나를 찌르고, 그럴 용기가 없다면 내 가랑이 밑으로 기어가라."

이에 한신은 잠시 그를 쳐다보다가 몸을 구부려 가랑이 밑으로 기어나갔다. 이를 본 구경꾼들은 폭소를 터뜨렸다. 시장거리의 모든 사람들은 한신을 겁쟁이라고 비웃었다. 모든 사람이 그를 깔봤지만 한신은 아무렇지도 않게 여겼다. 보석에 흙이 묻었다고 보석이 아닌 것은 아니다. 남들이 어떻게 보든 상관없이 그는 자기를 소중한 존재라고 굳게 믿었다.

한신처럼 자존감이 높은 사람은 결국에는 남들에게도 높임을 받게 된다. 훗날 한신은 유방을 도와 항우를 무찌르고 천하통일의 일등공신이 된다.

항우와 한신의 엇갈린 명암은 자존심과 자존감의 차이가 무엇인지를 극명하게 보여준다. 자존심이 센 사람은 항우처럼 한 번만 굴욕을 당해도 발끈하여 목숨까지 내팽개치지만, 자존감이 큰 사람은 한신처럼 남의 가랑이 밑을 기는 수모를 당해도 툭툭 흙을 털며 아무렇지도 않게 일어난다. 그리고 남이 깔보든 말든 묵묵히 자기의 길을 간다. 누가 뭐래도 나는 소중한 존재이기 때문이다.

진정한 영웅은 남의 평가에 좌우되지 않는 법이다. 남이 칭찬한다고 자만하지 않고 남이 헐뜯는다고 좌절하지도 않는다. 공자는 이렇게 말했다.

남들이 나를 알아주지 않아도 성내지 않는다면 이 또한 군자가 아니겠는가.

논어를 풀이한 책의 제목을 《논어: 군자는 가슴에 꽃을 달지 않는다》라고 멋지게 지어 붙인 책이 있다. 내 밖을 꾸미려 하지 말고 내 속을 먼저 닦으라는 뜻이라고 한다. 불과 화로의 여신 헤스티아처럼 내면에 자존감이라는 불꽃을 간직한 사람은 굳이 가슴에 꽃을 달아 자신을 과시하려 하지 않는다.

본래의 모습이기에 더욱 특별하다

오늘도 헤스티아 여신은 세상의 번잡과 동떨어진 곳에서 홀로 조용히 불꽃을 사르고 있다. 그리고 사람들에게 무엇이 그대를 그리도 분주하게 만드느냐고 묻는다. 남들이 알아주지 않아서 섭섭한가? 남들에게 모욕을 당해서 분노가 치미는가? 남들이 깔볼까 봐 신경이 쓰이는가? 남의 관심을 끌기 위해 뭐라도 하고 싶은가?

헤스티아는 그런 이들에게 스스로를 소중히 여기라고 말한다. 겉을 꾸미지 말고 안을 닦으라고 이야기한다. 남은 남이고, 나는 나일 뿐이다.

남의 평가에 얽매이다 보면 나를 잃어버리게 된다. 남을 의식하면 남이 나의 주인이 되고, 나를 존중하면 내가 나의 주인이 된다. 남들의 시선을 바라보지 말고 고개를 돌려 나를 바라보라고 헤스티아는 속삭이고 있다.

헤스티아의 신화 속에는 잘 눈에 띄지 않는 또 하나의 비밀스러운 메시지가 들어 있다. 곧 남들의 평가는 내가 그것에 연연할 때만 나에게 힘을 발휘한다는 것이다. 내가 마음을 주지 않으면 아무리 세상이 시끄러워도 내게 아무런 영향을 주지 못한다. 여기에 헤스티아의 놀라운 평온의 비밀이 숨어 있다.

미국의 작가 맥스 루카도(Max Lucado)의 《아주 특별한 선물: 작은 나무사람 펀치넬로 이야기》도 같은 비밀을 알려준다. 남들의 평가는 내가 그것을 중요하게 받아들일 때에만 유효하다는 것이다. 펀치넬로 이야기는 남들이 뭐라 하든 상관없이 나는 특별한 존재라는 것을 일깨워주는 짧은 동화다.

작은 나무사람들은 서로에게 금빛 별표나 잿빛 점표를 붙여주며 산다. 금빛 별표는 좋다는 뜻이고, 잿빛 점표는 안 좋다는 뜻이다. 항상 잿빛 별표만 받는 펀치넬로는 잘하려고 할수록 실수만 되풀이한다. 열등감에 사로잡힌 펀치넬로는 나무사람을 만든 목수인 엘리 아저씨를 찾아갔다가 놀라운 이야기를 듣는다.

그 표는 네가 붙어 있게 하기 때문에 붙는 거란다. 네가 그것을 중요하다고 생각할 때만 붙는 거야.

남들이 잿빛 점표를 붙이더라도 그것이 나의 소중함을 깎아내릴 수 없다는 사실을 깨닫게 되면 더 이상 붙어 있지 않고 떨어지게 된다는 말이다.

기억하렴. 너는 무엇을 갖고 있고, 무엇을 잘하고, 또 어떻게 꾸미느냐가 아니라 있는 그대로의 너이기에 특별한 존재라는 것을.

그 말을 듣는 순간 펀치넬로의 몸에서 점표 하나가 툭 땅으로 떨어졌다. 엘리 아저씨가 펀치넬로에게 들려주는 말은 자존감으로 충만한 여신 헤스티아가 우리에게 들려주는 말이기도 하다.

남들이 어떻게 생각하느냐가 아니라 내가 어떻게 생각하느냐가 중요하단다.[*]

남의 시선으로 나를 규정짓는 건 어리석은 일이다. 누구처럼 되기 위해, 누구를 닮기 위해 나 자신을 포기할 필요는 없다. 내가 가진 것들도 나라는 존재의 소중함을 조금도 더하거나 덜게 하지 못한다. '나는 나'라는 이유만으로도 충분히 소중하고 특별한 존재다.

---

[*] 맥스 루카도 지음, 김선주 옮김,《아주 특별한 선물: 작은 나무사람 펀치넬로 이야기》, 2012년 출간, 고슴도치 출판사.

자존심은 남에게 좌우되지만 자존감은 내가 스스로 지키고 키워가는 것이다. 내면에 자존감의 불꽃이 충만한 사람은 굳이 가슴에 꽃을 달지 않는다. 아직도 남들이 나에게 덕지덕지 붙여놓은 스티커가 그대로 붙어 있는가.

대지의 여신, 데메테르

대지에서 자라는 곡물, 특히 밀의 성장과 땅의 생산력을 관장하는 대지의 여신. 밀 이삭으로 만든 관을 쓰고, 손에 횃불이나 곡물을 든 모습으로 표현된다. 딸 페르세포네는 하계의 신 하데스에게 납치되어 그의 아내가 되었다.

세상에서 가장 짧고 오래된 기도, 엄마

엄마라는 말은 세상에서 가장 짧은 기도라고 한다. 절박하고 간절한 순간을 만나면 사람들은 대개 어린아이처럼 '엄마!'를 외친다. 아이가 '엄마!' 하고 부르면 엄마들은 자다가도 벌떡 일어나 달려간다.

　아이 울음소리는 꿈속에서도 들린다고 한다. '엄마!'라는 외마디는 하늘을 깨우고 땅을 울리며 세상 끝까지 메아리쳐 나간다. 모정은 위대하고 불가사의하다. 엄마들은 저세상에서 흐느끼는 아이의 울음소리도 듣는다. 화재참사로 아이를 잃은 엄마가 지은 추모시에서도 그 진한 모정을 엿볼 수 있다.

　여섯 살이잖니
　두 손으로 셈하기에도
　네 개나 남은 나이인데
　엄마와 3 더하기 3은 6
　아직 일곱, 여덟
　셈하는 놀이도 끝나지 않았는데
　하룻밤만 잔다더니
　아직 그 곳에서 놀고 있니
　(중략)

아이야

네가 좋아하던 하늘나라에 누가 있더냐

너의 고사리 같은 손을 잡아주는 이

엄마 말고 누가 있더냐

(중략)

그래, 아이야

엄마 없다 울지 말고 우리 다시 만날 때까지

그분 손 놓지 말고 꼭 잡고 있으렴

(중략)

아이야

오늘도 이 엄마는

너를 안았던 가슴이 너무 허전해

너를 부르며 피를 토한다

보고 싶은 아이야

귀여운 우리 아가야*

---

* 1999년 6월 30일 씨랜드 참사로 여섯 살 쌍둥이 딸을 잃은 박경란 씨의 추모시. 당일 새벽 경기도 화성시(당시 화성군)의 씨랜드 청소년수련원 컨테이너 가건물에서 불이 나 유치원생 19명과 인솔교사 등 23명이 숨졌다.

여섯 살, 눈에 넣어도 아프지 않은 아이를 잃은 엄마는 피를 토한다. 마지막 순간까지 아이가 애타게 불렀을 '엄마' 소리가 귀에 쟁쟁히 들리는 듯하다. 아이를 지켜주지 못한 미안함에 엄마는 하염없이 눈물을 흘린다. 보고 싶은 아이, 귀여운 아가는 하늘나라에서 엄마를 찾으며 울고 있다.

　그 가냘픈 울음소리를 엄마는 가슴으로 듣는다. 아이가 위험에 빠진 것을 보면 불 속에라도 뛰어드는 것이 엄마다. 아이를 구할 수만 있다면 지옥에라도 몸을 던지겠다는 것이 자식을 앞세워 보낸 어머니들의 공통된 심정일 것이다.

　그리스신화에서 대지와 곡식의 여신 데메테르는 딸아이를 잃는 애절한 아픔을 겪었다. 데메테르는 사라져버린 딸을 찾아 지옥까지 훑고 다니는 진한 모성을 보여준다.

　그리스어로 데메테르는 땅을 뜻하는 '데(De)'와 엄마를 뜻하는 '메테르(Meter)'가 합해진 말로 '땅의 엄마'라는 뜻이다. 데메테르는 크로노스와 레아 부부의 여섯 남매 가운데 둘째로, 올림포스의 주신이자 남매인 제우스와 사랑을 나눠 예쁜 딸 페르세포네를 낳았다. 어느 날 페르세포네가 저승의 신 하데스에게 납치되어 실종되자 데메테르는 딸을 찾아 미친 듯이 온 세상을 뒤지고 다닌다.

　예쁘다는 것은 위험하다는 뜻도 된다. 예쁜 열매가 그렇듯이 예뻔 꽃은 탐내는 자의 손에 의해 가장 먼저 꺾어진다. 복숭아와 오얏 나무 밑에는 저절로 길이 난다는 옛말이 그냥 생긴 게 아니다. 열매 가 탐스러우면 사람들이 그냥 놔두지 않는다.

하데스에게 납치되어 어두운 지하세계로 끌려간 페르세포네의 경우가 그렇다. 페르세포네의 불행은 미의 여신 아프로디테가 주목 할 정도로 빼어난 아름다움에서 시작되었다. 한번은 아프로디테가 아들 에로스에게 지상에 나온 하데스를 가리키며 말했다.

"얘야, 네 사랑의 화살을 뽑아 저승세계의 왕 하데스의 가슴을 향 해 날려보거라. 요즘 우리를 우습게 보는 여신들이 있지 않니? 지혜 의 여신인 아테나와 사냥의 여신 아르테미스가 처녀로 지내며 우리 를 멸시하고 있단다. 게다가 대지의 여신 데메테르의 딸 페르세포 네도 그들을 흉내 내면서 미모를 뽐내며 처녀로 지낼 태세란다. 어 서 맛 좀 보여주렴."

에로스의 화살에 가슴을 정통으로 맞은 하데스는 페르세포네를 보자마자 한눈에 반했다. 그리고 어둠의 신답게 작업도 걸지 않은 채 다짜고짜로 납치해버린다. 숲에서 친구들과 함께 꽃을 따며 놀고 있던 페르세포네는 갑자기 짐승처럼 덮친 하데스에 의해 옷자락이 갈가리 찢어졌고 가기고 있던 꽃들은 산산이 흩어져 발에 짓밟혔다.

다급해진 그녀가 엄마를 부르며 도와달라고 외쳤지만 소용없는 일이었다. 하데스는 거친 숨을 내뿜으며 페르세포네를 낚아채고는 땅을 쩍 갈라 순식간에 어둠속으로 사라져버렸다. 꽃처럼 예쁜 페르세포네는 꽃을 따다가 꽃처럼 꺾여버리고 말았다.

딸을 구하려는 끈질긴 집념

땅이 입을 벌려 삼켜도 자녀의 비명소리는 땅속에서부터 울려 하늘까지 퍼져 나간다. 인류 최초의 살인자 카인이 아벨을 죽여 땅에 묻었을 때도 그 피가 호소하는 소리가 하늘까지 들렸다. 하물며 땅의 여신 데메테르가 땅속에서 흐느끼는 딸의 울음소리를 못 들을 리 없었다. 그때부터 데메테르는 사라진 딸의 행방을 찾아 미친 듯이 온 사방을 헤매고 다녔다.

데메테르는 먹지도 마시지도 않고 밤낮 없이 오로지 딸을 찾는 일에만 매달렸다. 하지만 그녀의 피눈물 나는 노력에도 불구하고 딸의 자취는 찾을 수 없었다. 긴 방랑 끝에 몸도 마음도 지친 데메테르는 어느 바위에 털썩 주저앉았다. 그리고 슬픔에 젖어 한낮의 뙤약볕과 한밤의 차가운 달빛, 이슬과 비바람을 맞아가며 아흐레를 꼬박 그 자리에서 지새웠다.

그렇게 넋을 잃고 앉아 있는 동안 데메테르의 얼굴은 노파처럼 폭삭 늙어버렸다. 눈은 퀭하니 들어가고 이마에는 깊은 주름이 파였으며, 풍만했던 몸매는 고목처럼 쭈글쭈글 말라갔다. 이런 데메테르를 마침 켈레오스라는 노인이 어린 딸과 함께 지나가다 보았다. 철부지 딸아이는 여신인 줄 모르고 말을 건넸다.

"어머니, 왜 거기에 혼자 앉아 계세요?"

그 말을 듣자마자 데메테르는 왈칵 눈물을 쏟았다. 어머니라니, 얼마나 오랜만에 듣는 말인가? 켈레오스가 누추하지만 자기 집에서 하룻밤 묵어가라고 권하자, 데메테르는 두어 번 사양하다가 응했다.

가면서 서로의 처지에 대해 이야기를 나누다 노인의 아들도 중병에 걸려 누워 있다는 것을 알게 된 데메테르 여신은 동병상련의 마음으로 치료해줬다. 아들의 얼굴에 화색이 돌아온 것을 본 가족들은 은인인 데메테르를 더욱 정성껏 대접했다.

밤이 되어 모두 잠들자 데메테르는 가족들의 친절에 보답하고자 아들을 신처럼 불사의 몸으로 만들어주기로 했다. 그리고 아들을 아궁이의 불속에 넣고 몸 안에 있는 사멸의 요소를 태워 없애는 주문을 외었다.

그런데 잠에서 깬 그의 어머니가 기겁하고 비명을 지르는 바람에 모든 노력이 수포로 돌아가 버리고 말았다. 어느새 여신의 위엄 있는 형상으로 돌아온 데메테르는 실망한 목소리로 말했다.

"아, 어리석은 인간이여. 언제 행운이 오고 언제 불행이 오는지 모르는구나. 나는 이 아들을 불사의 몸으로 만들어주려고 했는데 어미의 두려움이 일을 망쳐놓았다. 하지만 그 대신 영광스러운 삶을 살도록 해주겠다. 내가 직접 농사짓는 기술을 가르쳐줄 테니 이 아이가 자란 뒤에 나에게 데려오도록 해라!"

이 말을 남기고, 데메테르는 구름으로 몸을 감싸더니 황금마차를 타고 다시 훌쩍 길을 떠났다. 딸을 찾아 온 세상을 다 뒤졌지만 아무 소득이 없자 데메테르는 처음 출발했던 곳으로 돌아와 깊은 상심에 빠졌다.

이를 본 강의 요정이 페르세포네가 하데스에 끌려가며 몸부림칠 때 떨어뜨린 허리띠를 살짝 물에 떠올려주었다. 이를 보고 데메테르는 딸이 죽었음에 틀림없다고 확신했다. 그리고 더욱 깊은 절망감에 사로잡혀 대지와 곡물을 돌보는 자신의 직분마저 팽개쳐버리고 두문불출했다.

데메테르가 손을 놓자 대지 위의 생물들이 점차 생기를 잃고 시들어갔다. 농부가 씨앗을 뿌려도 싹이 트지 않고, 가뭄과 홍수가 되풀이되며, 들판은 엉겅퀴와 가시덤불만 무성한 황무지로 변했다.

마침내 인류가 농사를 지은 이래 최악의 흉년이 닥치고, 먹을 것이 떨어지자 인간과 동물들이 죽어나가기 시작했다. 그러자 인간뿐만 아니라 신들의 세계에도 비상이 걸렸다. 인간들이 올림포스에 올리는 제물도 줄어들어 급기야 거의 끊길 지경에 이르렀기 때문이다.

사태가 심각해지자 페르세포네의 아버지이기도 한 제우스가 나서서 데메테르를 달랬다. 하지만 싸늘하게 얼어붙은 그녀의 마음은 어떤 달콤한 말에도 녹지 않았다. 신들을 보내 아무리 설득해도 딸을 돌려주기까지는 절대로 대지에 내린 저주를 풀 수 없다는 대답만 돌아올 뿐이었다.

할 수 없이 제우스는 전령의 신인 헤르메스를 지하의 하데스에게 보내 페르세포네를 풀어주라고 명했다. 하지만 음흉한 하데스는 페르세포네에게 수를 써서 지하세계에서 아주 떠날 수는 없게 해놓았다. 저승의 음식인 석류 열매를 건네 페르세포네가 무심코 베어 물도록 한 것이다. 저승의 음식은 한 입이라도 먹으면 지상으로 돌아오는 것이 불가능하다.

제우스는 고심 끝에 페르세포네가 1년의 3분의 2는 땅에서 살고, 나머지 3분의 1은 지하세계에서 사는 절충안을 내놓았다. 더 이상 길이 없음을 안 데메테르는 1년에 여덟 달 동안이라도 딸과 함께 살게 된 것에 만족했고, 이로써 대지에 내려진 무서운 저주도 풀리게 되었다.

지옥에서도 딸을 건져오는 위대한 모정

대지의 여신이 낳은 딸인 페르세포네가 봄부터 가을까지는 지상에서 살다가 겨울에는 지하세계로 내려간다는 신화는 생명의 순환과 농사짓는 것을 상징한다. 페르세포네는 원래 '코레'라는 이름으로도 불렸는데, 이는 씨앗을 뜻하는 '코어(core)'의 어원이기도 하다.

봄이 되어 땅속의 씨앗이 부활해 땅의 엄마와 함께 지낼 때는 대지는 비옥해지고 만물이 생장한다. 그러나 겨울이 되어 씨앗이 캄캄한 땅속에 묻히면 대지는 싸늘히 식어 메마르고 황폐해진다. 대지와 곡물의 여신이 기쁨으로 충만해야 세상도 풍요로워진다는 것을 보여준다.

계절의 진정한 시작은 봄이 아니라 겨울이라고 한다. 먼저 죽음이 있어야 부활이 있고, 풍성한 생명이 있다는 뜻이다. 추운 겨울이 되어 꽝꽝 언 땅속에 묻히는 페르세포네의 죽음을 통해 우리는 봄날의 힘찬 생명의 약동을 경험한다.

희망은 암울한 겨울의 한복판에서 싹튼다. 죽음과 탄생을 반복하는 페르세포네와 절망 속에서 소망을 끄집어내는 '땅의 엄마' 데메테르의 이야기는 오묘한 자연의 섭리를 다시 한 번 일깨워준다. 죽은 가지에서 생명을 싹 틔우는 자연의 신비를 인간의 짧은 눈은 미처 다 헤아릴 수가 없다.《장자》에는 이런 글이 있다.

하루살이는 내일을 알 수 없으며, 여름 매미는 겨울의 얼음을 알 수 없는 법이다. 흰말이 문틈으로 휙 스쳐가듯 짧은 삶을 사는 인간은 신들의 영원한 삶을 짐작하지도 못한다.

앞서 켈레오스 노인의 아들에 대한 에피소드에서도 이를 확인할 수 있다. 데메테르가 아이를 아궁이 불 속에 넣자 이를 본 그의 어머니는 기겁을 했다. 불사의 생명을 주려는 행동인데 죽이려는 줄 알았던 것이다. 여신 데메테르의 안타까운 탄식은 두고두고 여운이 남는다.

"아, 어리석은 인간이여. 그대들은 언제 행운이 오고, 언제 불행이 오는지 알지 못하는구나!"

자연의 섭리를 이해할 수 없듯이 인간의 모정도 불가사의하다. 어미와 자식을 잇는 모정이라는 인연의 줄은 죽음으로도 끊어지지 않는다. 딸을 구하려는 데메테르의 끈질긴 집념은 천상의 신인 제우스도, 하계의 신인 하데스도 말릴 수 없었다.

지옥에서도 딸을 건져오는 위대한 모정은 세월이 흐르고 세상이 변해도 변하지 않는다. 데메테르와 페르세포네의 옛이야기는 지금도 현재진행형이다.

신화 속의 그 모녀를 만나보고 싶은가? 혹시 아침식사 대용으로 우유에 시리얼을 타서 먹는다면, '시리얼(cereal)'의 어원에 대해 생각해보자. 그리스신화의 데메테르는 로마신화에서 '케레스(Ceres)'로 불리며, 영어에서 곡식을 가리키는 단어 '시리얼'은 바로 여기서 비롯되었다. 끼니때마다 차려지는 우리의 풍성한 식탁은 그 모녀의 작품이다. 우리는 날마다 신화를 먹고 산다.

인간, 신을 창조하다

Aph-
rodite

미와 사랑의 여신,
아프로디테

올림포스 12신 중 하나로 여성의 성적 아름다움과 사랑의 욕망을 관장한다. 헬레니즘과 르네상스 시대에 예술가들이 조각이나 그림으로 즐겨 표현할 만큼 미, 사랑, 성애, 풍요를 상징하는 여신이다. '비너스'라는 별칭으로도 불린다.

사랑은 잡아도, 잡아도 잡히지 않는 바람

사랑은 황홀한 고통이라고 한다. 사랑에는 늘 가슴앓이가 있고, 아픔과 슬픔이 그림자처럼 뒤따른다. 사랑은 왜 그렇게 눈물과 한숨으로 젖어 있는 것일까. 셰익스피어에 따르면, 이는 비너스의 저주 때문이다. 〈비너스와 아도니스〉라는 셰익스피어의 극시에서, 미의 여신 비너스는 연인 아도니스가 죽자 이렇게 예언한다.

이후로 사랑에는 슬픔이 따르리라.
사랑에는 언제나 질투가 따를 것이고
시작은 달콤하지만 끝은 불쾌할 것이로다.

사랑은 변덕스럽고 거짓과 기만투성이로
싹트자마자 단숨에 시들어버리리라.
바닥에는 독이 차 있지만 위에는 꿀이 발려져 있어서
가장 날카로운 눈도 속이리라.
(중략)

사랑은 전쟁이나 재앙의 원인이 되리라.
부자지간에도 불화를 만들고
잘 타는 물건이 불에 휩쓸리는 것같이

온갖 원망불평이 불길처럼 춤을 추리라.

죽음이 청춘인 내 애인을 파멸시켰으니
최고의 연인들도 그 사랑을 즐기지 못하리라.

사랑에 빠졌어도 누구도 그 사랑을 즐기지는 못한다. 마치 맛있
는 음식을 앞에 두고도 먹지 못하게 하는 것과 같은 잔인한 처사다.
사랑에 이렇게 달콤한 독을 발라 놓은 비너스는 어떤 여신인가?
　비너스는 로마신화의 베누스(Venus)를 영어식으로 읽은 것이고,
그리스신화에서는 아프로디테가 이에 해당한다. 아름다움과 애욕
의 여신으로 많은 이들에게 사랑을 받는 아프로디테. 그리스어로
'아프로스'는 거품을 뜻하며, 아프로디테는 '거품에서 태어난 여인'
이라는 뜻이다.

　하늘의 신 우라노스와 대지의 신 가이아의 아들인 크로노스가 어
머니의 부탁을 받고 아버지의 성기를 낫으로 잘라 바다에 던졌는
데, 그 바다거품에서 태어난 여인이 아프로디테이다. 이는 한순간
의 거품처럼 허망하게 사라지고 마는 미와 욕망을 상징한다고 할
수 있다.
　아름다움과 추함은 밝음과 어둠처럼 짝을 이뤄 다닌다. 아이로니
컬하게도 아름다움의 여신인 아프로디테는 신들 중에서 가장 못생

긴 헤파이스토스의 아내다. 절름발이이자 대장장이의 신인 헤파이스토스는 제우스와 헤라가 부부싸움을 하다 하늘에서 떨어뜨려 절름발이가 되었는데, 미안한 마음이 든 제우스가 그 보상으로 가장 아름다운 여신인 아프로디테를 짝으로 주었다.

하지만 사랑과 욕망의 여신인 아프로디테는 못생긴 남편 헤파이스토스의 아내로 만족하며 조신하게 살지 않았다. 아프로디테는 '여자 제우스'라는 별명답게 다른 신과 인간들을 상대로 끊임없이 바람을 피웠다. 그중에서 유명한 스캔들이 전쟁의 신 아레스와 밀회를 즐기다 들키는 바람에 온 천하의 구경거리가 된 사건이다.

헤파이스토스는 대장장이 신답게 정교한 투명 그물을 만들어 침대에 쳐놓고 집을 비우는 체하며 불륜 커플을 끌어들였다. 그리고 벌거벗은 채로 사로잡아 올림포스의 모든 신들에게 공개함으로써 망신살이 뻗치게 했다. 그러나 아프로디테는 그 뒤로도 계속 아레스와 정을 통하여 에로스, 포보스, 하르모니아 등 10여 명의 자식을 낳았다.

아프로디테의 남성 편력 가운데 가장 눈길을 끄는 것은 꽃미남 소년인 아도니스와의 못 다한 사랑이야기다. 로마시인 오비디우스(Ovidius)는 〈변신이야기〉에서 이들의 사랑을 70행에 이르는 문장으로 그렸는데, 셰익스피어는 이를 1,200행에 가까운 장시로 읊었다. 울림은 다르지만 눈먼 사랑이 허망한 결말에 이르는 스토리라는 점에서는 다르지 않다.

어느 시인은 '사랑은 벼락처럼 왔다가 정전처럼 끊어진다'고 썼다. 뜻하지 않은 때 뜻하지 않은 곳에서 기습적으로 시작되는 것이 사랑이다. 사랑의 여신 아프로디테의 경우도 마찬가지였다.

어느 날 아프로디테는 아들 에로스를 배웅하며 입맞춤하다가 화살 통에서 삐져나온 화살에 가슴을 찔렸다. 화살의 의미를 알고 있는 그녀는 아차 싶어 얼른 아들을 밀쳤지만 이미 늦었다. 에로스의 화살에 찔린 아프로디테는 마침 숲에 사냥을 나온 아도니스를 보자마자 곧바로 사랑에 빠졌다.

사랑에 사로잡힌 아프로디테는 다른 일은 모두 팽개치고 아도니스에게만 매달렸다. 그녀에게는 이제 하늘에 오르는 일도, 땅의 처소를 거닐며 인간의 경배를 받는 일도 시들해졌다. 오직 아도니스를 졸졸 따라다니며 그와 함께 시간을 보내는 것이 유일한 기쁨이었다.

핏빛으로 물든 붉은 꽃 한 송이

사랑에 빠지면 '나는 누구인가'는 별로 중요하지 않다. 그보다는 '그에게 나는 누구인가'가 훨씬 더 중요해진다. 사랑을 하면 나의 관심은 온통 그에게로 코페르니쿠스적인 전환을 한다. 옷을 하나 입어도 그가 나를 어떻게 볼지, 마음에 들어 할지에 온 신경을 기울이게 된다.

아프로디테도 이전에는 피부가 햇볕에 그을릴까 봐 숲 그늘에 누워 쉬면서 미모를 가꾸는 일에만 신경을 쏟았다. 몸매가 망가질까 봐 힘들고 험한 일은 근처에도 가지 않았다.

하지만 아도니스가 그녀가 쏟았던 모든 관심의 방향을 180도로 바꿔 놓았다. 그녀는 이제 옷을 무릎까지 걷어 올려 질끈 동여매고 사냥의 여신 아르테미스와 같은 차림새로 숲과 언덕을 누비고 다녔고, 사냥개를 호령하며 토끼나 사슴 등 사냥하기 쉬운 동물들을 직접 쫓아다녔다.

하지만 난폭한 멧돼지나 사나운 이리, 곰이나 사자 같은 맹수들 곁에는 얼씬도 하지 않았다. 자신의 안전도 안전이지만 사랑하는 아도니스가 행여 다칠까 봐 걱정이 되었기 때문이다. 아프로디테는 아도니스에게 맹수를 조심하라고 신신당부했다.

"그대를 보고 도망치는 짐승은 쫓아도 좋다. 하지만 대드는 짐승을 만나면 얼른 피해라. 그런 짐승과 용기를 겨루는 것은 위험하다. 짐승들은 그대가 아무리 아름답다 해도 알아보지 못한다. 그리고 그대가 다치면 고통받는 것은 나라는 것을 유념해라."

사랑하는 이가 다치면 내가 더 마음이 아프다. 아프로디테도 이를 잘 알고 있었기에 사냥을 나서는 아도니스에게 맹수를 피하라고 거듭 당부했던 것이다. 아프로디테는 아도니스와 함께 풀밭에 앉아 그의 가슴에 머리를 기댄 뒤 간간이 입맞춤을 하며 사자로 변한 연인들의 이야기를 들려주었다. 셰익스피어는 〈비너스와 아도니스〉에서 연인과의 입맞춤이 얼마나 달콤한지에 대해 아프로디테(비너스)의 입을 통해 이렇게 노래한다.

여기 앉으면 키스를 퍼부어 그대를 숨 막히게 하리라.
그러나 지겹도록 하여 물리게 하지는 않으리라.
색다르게, 빨간 입술이 하얗게 변하기도 하며
풍요로운 가운데 오히려 갈증을 느끼게 하리라.
열 번의 키스는 한 번 같이 짧고,
한 번의 키스는 스무 번같이 길게
이렇게 시간 가는 줄 모르게 키스하다 보면
긴 여름날도 한 시간 같이 짧으리라.

하지만 셰익스피어의 극시에 나오는 아도니스는 아직 사랑에 눈을 뜨지 못한 소년이어서 연인과의 입맞춤보다는 사냥이 더 신나고 좋을 뿐이었다. 아프로디테가 맹수를 조심하라는 당부를 남긴 뒤 백조가 끄는 수레를 타고 하늘로 날아오르자 아도니스는 곧장 멧돼지 사냥에 나섰다.

그리고 멧돼지 한 마리를 발견하고는 의기양양하여 옆구리에다 창을 꽂았다. 하지만 거기까지였다. 사나운 멧돼지는 바로 반격하여 미친 듯이 아도니스에게 덤벼들었다. 아도니스가 다급하게 도망쳤지만 허사였다. 몇 발짝 가지 못해 멧돼지의 날카로운 송곳니가 아도니스의 사타구니를 찔렀고, 그가 쓰러진 주위는 붉은 피로 흥건히 물들었다.

하늘을 날고 있던 아프로디테가 아도니스의 비명소리를 듣고 급히 돌아왔을 때는 이미 모든 게 끝난 뒤였다. 아프로디테는 피투성이가 된 아도니스의 시신을 끌어안고 머리카락을 쥐어뜯으며 오열했다. 그리고 자신의 동료이기도 한 운명의 여신들을 비난하며 이렇게 울부짖었다.

"운명의 여신들이여, 당신들은 이 가엾은 것을 죽게 했지만 당신들 뜻대로 되지는 않을 것이다. 나의 아도니스여, 나는 그대의 죽음과 나의 슬픔을 해마다 세상 사람들이 기리도록 할 것이다. 그대가 흘린 피는 꽃으로 변할 것이니 죽어도 영영 죽는 것은 아니리라."

울먹이며 말을 마친 아프로디테는 아도니스의 피 위에 신들의 음료인 넥타르를 뿌렸다. 그러자 피에 젖은 흙에서 거품이 일어나더니 잠시 뒤 핏빛의 붉은 꽃 한 송이가 피어났다. 하지만 그 꽃잎은 바람이 불자 이내 떨어지고 말았다. 바람이 불면 꽃망울이 열리고,

바람이 불면 꽃잎이 지고 마는 그 연약한 꽃을 가리켜 사람들은 아네모네, 즉 '바람꽃'이라고 불렀다.

집착은 나 자신을 옭아매는 동아줄

솔로몬이 지은 〈전도서〉에서는 '해 아래에서 행하는 모든 일이 다 헛되어 바람을 잡으려는 것'이라고 탄식한다. 아도니스를 품에 안으려던 아프로디테의 모든 수고도 바람을 잡으려는 것에 지나지 않았다. 미의 여신의 마음을 훔쳤던 미소년 아도니스는 훅 불면 떨어지고 마는 바람꽃이었다.

셰익스피어 작품에 나타난 아프로디테의 저주처럼 사랑은 싹트자마자 시들고, 처음에는 달콤하나 곧 슬픔이 따른다. 사랑도 바람도 지나가는 것이다. 지나가는 것을 느낄 수는 있어도 손으로 잡을 수는 없다. 잡을 수 없는 것을 잡으려 하기에 사랑의 뒷모습은 언제나 쓸쓸하고도 허망하다.

사랑이 전쟁과 재난의 원인이 되리라는 아프로디테의 예언은 그녀 자신이 실천으로 옮기기도 했다. 아프로디테는 불화와 다툼의 여신 에리스가 던진 황금사과를 차지하기 위해 헤라, 아테나와 경쟁을 벌였다. 사과에 적혀 있는 '가장 아름다운 여인에게'라는 문구의 주인공이 되기 위해서였다.

심판관인 트로이의 왕자 파리스의 환심을 사기 위해 헤라는 최고의 권력을, 아테나는 지혜를 주겠다고 약속했다. 아프로디테는 미의 여신답게 최고의 미녀를 주겠다고 파리스를 유혹해 결국 최종 승자가 되었다. 파리스는 황금사과를 아프로디테에게 바쳤고, 아프로디테는 스파르타의 왕비인 헬레네를 트로이의 왕자 파리스에게 안겨주었다.

이로써 저 유명한 트로이전쟁이 발발했고, 수많은 전사와 영웅들의 죽음을 통해 무수한 신화와 전설들이 탄생했다. 미와 사랑의 여신에게 바쳐진 황금사과는 파멸의 독이 발라져 있는 달콤하고도 치명적인 미혹이었던 것이다.

사랑의 역사는 전쟁의 역사와 같아서 남는 것은 상처의 기록뿐이라고 한다. 상처만 주고받을 뿐인데도 연인들은 전쟁 같은 사랑 속으로 기꺼이 뛰어든다. 아프로디테도 아도니스에게 빠졌다가 슬픔만을 건져 올렸을 뿐이다. 사랑의 여신조차 사랑에 상처를 받았다는 것은 불가사의한 사랑의 마력을 보여준다.

사랑은 바람꽃과도 같다. 잡으려, 잡으려 해도 잡을 수 없는 것이 바람이고 사랑이다. 아름다움도 마찬가지로, 바람꽃처럼 이내 지고 만다. 구약성서에는 '모든 육체는 풀과 같고, 그 모든 아름다움은 들의 꽃과 같다'는 말이 나온다. 그렇다. 때가 되면 풀은 마르고 꽃은 시들게 마련이다.

순식간에 지고 마는 것들을 계속 붙들려고 하는 것은 바람을 잡으려는 수고에 지나지 않는다. 내 것을 만들려는 집착은 질투를 잉태하고 비극을 낳는다. 불교식 언어를 굳이 빌려오지 않더라도 집착은 상대가 아니라 나 자신을 옭아매는 동아줄인 것이다.

사랑도 아름다움도 소유하는 게 아니라 그저 느끼고 즐기는 것이다. 소유하려 하지 않는 한 모든 것은 자유다. 아름다운 여인의 얼굴에 스쳐가는 미소를 나비가 날아간다고 표현한 시인이 있다. 미소 속의 그 나비를 잡으려 할 것인가, 즐길 것인가?

인간, 신을 창조하다

Arte-mis

사냥의 여신,
아르테미스

사냥, 숲, 달, 처녀성과 관련된 여신이자 여인의 출산을 돕고 어린아이를 돌보는 여신. 아폴론의 쌍둥이 누나이다. 평생 혼자 살겠다고 제우스에게 청원을 했고, 그 약속에 따라 남자들을 멀리한 채 외딴 숲에서 사냥을 하며 지냈다.

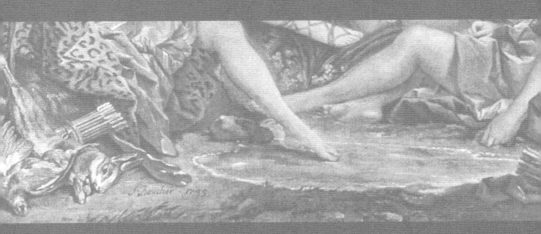

인간의 오만을 꿰뚫는 숲의 여신의 화살

1981년 7월 29일 오전 11시, 영국 런던의 세인트 폴 대성당. 마차를 타고 온 신데렐라가 동화 속에서 걸어 나와 구름처럼 모인 군중들 앞에 섰다.

1만여 개의 진주가 달린 아이보리색 웨딩드레스를 입은 그녀의 뒷자락에는 길이 7.6미터에 달하는 웨딩 베일이 백조의 깃처럼 우아하게 펼쳐졌다. 하지만 갓 스무 살, 사슴처럼 큰 눈망울에서 뿜어져 나오는 그녀의 수줍은 미소는 그 모든 것보다도 화사하고 눈부셨다.

엘가의 〈위풍당당 행진곡〉이 울려 퍼지는 가운데 식단에 오른 신부는 주례인 캔터베리 대주교 앞에서 왕자와 혼인서약을 했다. 그러나 그녀는 왕실의 전통 서약문과는 달리 남편에게 '복종(obey)'이라는 단어는 쓰지 않았다. 낮 12시 10분까지 70분 간 진행된 세기의 결혼식은 전 세계 50개국에 TV로 생중계되어 약 7억 5천만 명이 지켜보았다.

예식이 끝나고 새롭게 탄생한 로열 커플은 덮개 없는 마차에 올라탔다. 그리고 환호하는 군중들에게 연신 손을 흔들어 답례하며 자신들의 보금자리인 버킹엄궁전으로 향했다. 동화보다도 더 동화 같은 환상적인 출발이었다.

그로부터 16년 뒤인 1997년 8월 31일, 프랑스 파리의 알마광장 지하터널. 일요일 새벽을 찢는 비명소리 하나가 뉴스와이어를 타고 전 세계로 긴급히 퍼져 나갔다.

영국 찰스 왕세자와 이혼한 다이애나 왕세자비(36세)가 31일 새벽 프랑스 파리에서 교통사고로 숨졌다. 다이애나 비는 이날 0시 30분쯤 벤츠승용차를 타고 파리 센강 북쪽 순환도로 터널을 통과하던 중 차가 도로 벽을 들이받는 바람에 중상을 입고 병원으로 이송되었으나 출혈과다로 오전 4시쯤 사망한 것으로 프랑스 내무부가 발표했다. 이날 사고로 다이애나 비와 동승했던 이집트 재벌 2세 도디 알 파예드(41세)와 승용차 운전사도 현장에서 사망했으며 그녀의 경호원은 중상을 입었다.

다이애나 비는 함께 숨진 도디 알 파예드와의 염문으로 최근 매스컴의 집중 조명을 받아왔는데, 이날도 파예드와 저녁식사 후 파파라치들의 추적을 뿌리치기 위해 과속으로 터널을 달리던 중 승용차가 중앙 분리 기둥과 터널 벽을 들이받는 바람에 변을 당한 것으로 전해졌다. 프랑스 정부는 사고를 야기한 파파라치들을 현장에서 연행하는 등 조사에 착수했다.*

----

* 1997년 9월 1일 자 경향신문 1면 기사.

마차를 타고 동화 속에서 걸어 나온 신데렐라는 휴지 쪼가리처럼 구겨진 승용차 안에서 피투성이가 되어 전설로 떠났다. 이보다 더 잔혹할 수 없는 20세기 동화의 비극적 결말이었다.

비운의 신데렐라 다이애나 비는 그리스신화로 치면 아르테미스에 해당한다. 원래 다이애나라는 영어 이름은 로마신화의 디아나 여신에게서 따온 것이고, 이는 그리스신화의 아르테미스 여신에게서 비롯된 것이다. 달과 숲, 사냥과 순결의 여신인 아르테미스는 다이애나라는 이름으로 영어권뿐만 아니라 전 세계인들의 사랑을 받고 있다.

미국의 폴 앵카가 부른 추억의 팝송 〈다이애나〉가 좋은 예다. 1957년에 발표되어 삽시간에 빌보드차트 1위에 오르며 전 세계인들로 하여금 "오! 제발 내 곁에 있어줘요, 다이애나(Oh, please stay by me, Diana)"를 흥얼거리고 다니게 만들었다.

하지만 '비운의 신데렐라' 다이애나 비와 아르테미스 여신과의 연결고리는 단지 이름이 같다는 정도가 아니다. 그리스신화에 나오는 아르테미스와 악타이온의 이야기를 들으면 다이애나 비의 비극적 최후와 신화의 한 장면이 오버랩 되며 공교롭고도 질긴 업보의 사슬에 놀라게 된다.

운명의 날, 파리 리츠호텔에서 애인과 저녁식사를 하던 다이애나는 수많은 파파라치들이 밖에서 진을 치고 있다는 사실을 알았다.

이들을 따돌리기 위해 다이애나는 자정께 자리를 떴고, 이를 눈치 챈 파파라치들이 오토바이를 타고 그녀가 탄 자동차에 따라붙으며 카메라를 들이댔다.

자동차는 속도를 높여 시속 180킬로미터로 질주하다가 툭 튀어나온 지하터널의 우회전 표시를 보게 되었다. 피하려 했지만 속도를 이기지 못한 자동차는 중앙분리대를 들이받았고, 뒤집어진 채로 다시 오른쪽 벽에 한 번 더 부딪친 뒤 흉측하게 찌그러진 형체로 도로 가운데 멈춰 섰다.

충돌 순간의 충격이 얼마나 컸는지 자동차 앞부분의 라디에이터가 앞좌석까지 뚫고 들어왔을 정도였다. 더 큰 충격은 충돌 그다음의 장면이었다. 뒤쫓던 파파라치들은 피범벅이 된 다이애나를 구조하기는커녕 참혹한 사고 현장을 카메라에 담기 시작했다.

놀랍게도 사람이 죽어가는데도 아랑곳 않고 태연히 셔터만 눌러대고 있었던 것이다. 나중에 다이애나의 남동생은 파파라치와 신문사를 향해 '당신들의 두 손은 다이애나의 피로 물들어 있다'고 비난을 퍼부었다.

그의 죄는 길을 잃은 것뿐

그런데 끔찍한 유혈의 현장을 태연히 지켜본 것은 원래가 다이애나비와 연결고리를 가진 여신 쪽이었다. 타임머신을 타고 아득한 신화의 시대로 거슬러 올라가면, 피로 낭자한 죽음의 현장에서 차가운 미소를 짓고 있는 다이애나를 발견할 수 있다. 곧 로마신화의 디아나이자 그리스신화의 아르테미스다.

올림포스 12신 중의 하나인 아르테미스는 제우스와 레토 사이에서 태어났으며, 태양신인 아폴론과는 쌍둥이남매다. 제우스의 아내인 헤라는 남편의 씨를 잉태한 레토를 질투하여 해가 비치는 곳에서는 아이를 낳을 수 없게 했다.

만삭의 몸인 레토는 바다의 신 포세이돈에게 도움을 청하여 바다 속에 가라앉았다 솟아오른 섬에서 쌍둥이남매를 해산했다. 아폴론은 태양을 상징하고, 아르테미스는 달을 상징하니 이들 남매가 바다에서 떠오른 섬에서 태어난 것은 당연하다고도 할 수 있다.

아르테미스는 어릴 때 아버지 제우스에게 영원히 처녀로 순결을 지키게 해달라고 간청해서 허락을 받았다고 한다. 그녀는 평생 남자들을 멀리한 채 자신을 따르는 요정들과 함께 외딴 숲이나 들판에서 사냥을 하며 살았다.

그리스신화를 보면 아르테미스는 활과 화살통을 들고 짐승을 사냥하는 야성적인 처녀 모습으로 등장한다. 초승달이 활을 닮은 것을 보면 달의 여신이 왜 활을 가지고 다니는지 이해할 수 있다. 여신을 따르는 요정들도 역시 순결을 지켜야 했는데, 이를 어길 경우엔 가혹한 처벌을 받았다. 요정 칼리스토가 제우스에게 속아 몸을 더럽히자 아르테미스는 가차 없이 쫓아냈다.

게다가 아르테미스는 야생에서 사는 처녀 신답게 몹시 예민하여 상처를 잘 받고 화를 잘 내어 한번 앙심을 품으면 반드시 복수하고야 말았다. 트로이전쟁 때 그리스군 총사령관 아가멤논은 사슴을 사냥하다 아르테미스의 분노를 사는 바람에 친딸을 제물로 바친 뒤에야 원정길에 오를 수 있었다.

실수로라도 아르테미스의 프라이버시를 침범하면 어떤 변을 당하는지 잘 보여주는 것이 악타이온 이야기다. 악타이온은 테바이의 사냥꾼으로 카드모스 왕의 손자였다. 어느 날 그는 사냥개 50마리를 데리고 숲으로 사냥을 나갔다가 여신의 벌을 받아 사슴으로 변한 뒤, 자기가 데려온 사냥개들의 이빨에 찢겨 죽었다.

로마 시인 오비디우스는 〈변신이야기〉에서 악타이온은 길을 잃은 죄밖에 없다고 말한다. 그런데도 어떻게 그리도 끔찍한 변을 당하게 되었는지, 오비디우스의 이야기를 따라가 보자.

사건의 무대는 갖가지 짐승들의 핏자국으로 얼룩진 산이다. 해가 중천에 떠 있는 대낮에 사냥감을 찾아 산속을 누비던 악타이온이 친구들에게 말했다.

"여보게들, 이제 잡을 만큼 잡았으니 그만 쉬기로 하세. 해가 너무 뜨겁지 않은가."

악타이온은 그늘을 찾아 계곡 속으로 들어갔다. 그 산에는 삼나무와 소나무가 우거진 골짜기가 있었는데, 하필이면 사냥의 여신 아르테미스에게 봉헌된 성소였다.

골짜기 가장 깊은 곳에는 인간의 발길이 닿지 않은 동굴이 있었고, 그 동굴 안에는 맑은 물이 솟아나는 샘이 있었다. 아르테미스는 사냥을 다니다 지치면 이곳에 와서 맑은 샘물에 청순한 처녀의 몸을 닦고는 했다.

이날도 여신은 동굴에 들어와 시중을 드는 요정에게 무기와 화살통을 건넸다. 입고 있던 옷을 벗어 또 다른 요정에게 맡겼고, 그 사이 다른 두 요정은 여신의 발에서 가죽신을 벗겼다. 요정 하나가 여신의 머리카락을 빗겨주었고, 또 다른 요정들이 항아리로 물을 길어 여신에게 끼얹어주었다. 악타이온이 나타난 건 바로 그때였다.

신은 숲을 만들고, 인간은 낫을 만들었다

발가벗고 서 있던 요정들은 난데없이 들어온 사내의 모습에 놀라 비명을 질렀고, 몇몇은 알몸인 여신을 가려주기 위해 자신이 알몸 인 것도 잊고 몰려들었다.

하지만 아르테미스는 요정들보다 머리 하나 정도가 더 커서 어 깨가 드러나는 걸 피할 수 없었다. 실오라기 하나 걸치지 않고 있던 아르테미스의 얼굴이 발갛게 물들었다. 엉겁결에 활과 화살을 찾았 지만 알몸인지라 옆에 있을 리 없었다. 아르테미스는 침입자의 얼 굴에 물을 뿌리며 저주의 말을 퍼부었다.

그녀의 말투가 특별히 표독스러웠던 건 아니다. 그러나 물방울이 튄 악타이온의 머리에서는 어느새 사슴 뿔 한 쌍이 돋아났다. 이어 서 그의 목이 길게 늘어나며 귀 끝이 뾰족해졌고, 팔은 앞다리로 변 하고 몸에서는 털이 돋아났다.

공포에 질린 악타이온은 달아나기 시작했다. 달아나면서도 자기 가 그처럼 빠르게 달릴 수 있다는 데 놀랐다. 그러다 물웅덩이에 비 친 자신의 모습을 본 그는 비명을 질렀다.

"으악! 내 모습이 이게 뭐야!"

하지만 그 소리는 인간의 말이 아닌 짐승의 울부짖음에 불과했 다. 수사슴으로 변한 악타이온이 갈 곳을 몰라 숲에서 방황하고 있을 때 사냥개들이 그를 발견했다. 그리고 제 주인을 향해 사나운 이빨을 드러내며 맹렬하게 덤벼들었다.

악타이온은 바위와 절벽을 뛰어넘고 길도 없는 숲을 헤치며 정신없이 달아났다. 하지만 50마리의 맹견들은 다이애나 비를 쫓았던 파파라치처럼 끈덕지게 악타이온을 추격했다.

"나야, 이놈들아. 주인도 몰라보느냐!"

악타이온은 이렇게 외치고 싶었지만 말이 뜻대로 나오지 않았다. 쫓고 쫓기는 현장에는 오직 개 짖는 소리로 시끄러웠을 뿐이다. 마침내 한 마리가 그의 등에다 이빨을 박았고, 또 한 마리가 그의 어깨를 물어뜯었다.

그러자 뒤따라온 개들이 쓰러진 주인에게 달라붙어 살점을 마구 찢어놓았다. 피투성이가 된 악타이온은 신음소리를 냈지만, 그 신음은 인간의 소리도 아니고 사슴의 소리도 아니었다.

악타이온이 사냥을 다니던 산등성이는 그의 피와 신음소리로 낭자하게 젖어들었다. 사냥개들은 자기들 주인의 살을 쉴 새 없이 물어뜯었고, 악타이온이 갈기갈기 찢겨 숨이 끊어질 즈음에야 사냥의 여신 아프로디테의 분이 풀렸다.

자신의 알몸을 훔쳐보았다고 죽음으로 복수하는 아르테미스의 처사는 너무 무자비한 게 아닐까. 오비디우스에 따르면, 이 이야기가 전해지자 하늘의 신들도 의견이 엇갈렸다고 한다. 너무 잔인한 짓을 했다는 비판도 있었고, 여신의 순결을 지키기 위해서는 불가피한 행동이었다는 의견도 있었다.

아무튼 숲과 거기에 사는 동물들을 수호하는 처녀 여신의 순결은 그만큼 신성하다. 그런 여신의 은밀한 성소를 엿본 악타이온은 비록 의도하지 않은 실수였다 하더라도 인류 최초의 파파라치 역할을 했다고 할 수 있다.

수렵과 채취 시대의 인류에게 달과 숲은 경외의 대상이었다. 달빛이 비치는 밤이나 그마저 없는 칠흑 같은 어둠 속에서 숲이나 산길을 지날 때 고대인들은 공포를 느끼지 않을 수 없었다. 앞이 안 보이는 밤의 세계를 관장하는 달의 여신은 다정하면서도 두려운 경배의 대상이었다.

구약성서 〈시편〉에 등장하는 '낮의 해가 너를 상하게 하지 못하며, 밤의 달이 너를 해치지 못하리라'는 노래도 같은 맥락으로, 컴컴한 밤에 변을 당하는 것을 달이 조화를 부린 탓으로 여겼던 고대인들의 사고를 보여준다.

인간의 접근을 불허하는 울창한 원시림은 그 자체로 두려움의 대상이기도 했다. 비밀스러운 성소를 침범했다 변을 당한 악타이온의 비극은 자연을 함부로 범하면 안 된다는 경고의 메시지를 담고 있기도 하다.

신은 숲을 만들고 인간은 낫을 만들었다. 태초의 신성이 깃든 숲을 향해 인간들은 낫과 도끼를 들고 끊임없이 도전해나갔다. 구약성서 〈창세기〉의 '생육하고 번성하여 땅에 충만하라. 땅을 정복하라'는 말대로 인간은 창조주의 명령대로 자연을 정복해나갔다.

하지만 탐욕에 물든 인간은 자연 정복을 넘어 자연을 마구 파괴하는 지경에 이르렀다. 악타이온의 후예들은 문명이라는 불도저로 숲과 나무들을 무참하게 밀어버리고 있다.

다이애나 비는 죽었지만, 다이애나의 여신은 죽지 않았다. 올림포스의 신들은 죽음을 모르는 영생불사의 존재이기 때문이다. 아르테미스와 악타이온의 이야기는 흘러간 전설이 아니다.

오늘도 사냥의 여신 아르테미스는 초승달 같은 활시위를 보름달처럼 팽팽히 당겨 악타이온의 후예들을 겨냥하고 있다. 더러운 발로 자연을 짓밟는 오만한 인간은 신화 속에서 날아온 무시무시한 보복의 화살을 맞게 될 것이다.

인간, 신을 창조하다

Athena

지혜의 여신,
아테나

올림포스 12신의 두 번째 세대에 속하는 지혜, 전쟁, 직물, 요리, 문명의 여신. 제우스와 메티스 사이에서 태어난 딸로 총명하고 이성적이며 순결한 존재이다. 사람들에게 은혜를 많이 베풀며 영웅들을 수호하는 존재로 알려져 있다.

천의 얼굴로 다가오는 지혜의 여신

스티브 잡스(Steve Jobs)가 사망했을 때, 페이스북의 창립자이자 CEO 마크 주커버그(Mark Zuckerberg)는 자신의 페북에 이런 글을 올렸다.

> 스티브, 친구이자 멘토가 되어줘서 고마워요. 당신이 만든 것들이 세상을 변화시킬 수 있다는 것을 보여줘서 고마워요. 그리울 거예요.

실제로 주커버그는 스티브 잡스에게 종종 조언을 듣고 힘을 얻어 페이스북 초창기의 어려움을 이겨나갈 수 있었다고 한다. 스티브 잡스가 없었다면 전 세계 20억 명이 가입한 페이스북과 재산 63조 원의 부호 주커버그는 없었을지도 모른다.

스티브 잡스를 친구이자 멘토로 둔 것은 주커버그에게 엄청난 행운이었다. 스승이나 상담자, 인도자를 뜻하는 멘토는 한 사람의 인생을 바꾸는 존재가 되기도 한다.

그런데 주커버그는 몰랐겠지만, 실은 그는 아테나 여신을 만난 셈이었다. 멘토라는 말은 아테나 여신에게서 비롯되었기 때문이다. 호메로스의 〈오디세이아〉에 따르면, 멘토는 원래 오디세우스의 친구 이름이다. 그런데 어째서 사람 이름인 멘토가 아테나 여신을 의

미하게 되었을까?

오디세우스는 트로이전쟁을 승리로 이끈 그리스연합군의 영웅이다. 책략가인 그가 고안한 목마는 트로이 성을 함락시키는데 결정적인 공을 세운다. 하지만 오디세우스는 애초에 트로이전쟁이 발발했을 때 전쟁터에 나가고 싶지 않아 피해 다녔다.

그때 마침 그는 페넬로페와 결혼하여 신혼의 단꿈에 빠져 있었고, 귀여운 아들 텔레마코스를 막 얻었을 때였기에 기약 없는 전쟁터로 나가 모처럼의 행복을 잃고 싶지 않았던 것이다.

오디세우스는 징집을 피하려고 미치광이 행세를 했다. 일부러 당나귀와 소를 하나의 쟁기로 묶어 끌고, 밭에 씨 대신 소금을 뿌렸다. 하지만 징집관이 쟁기 앞에다 갓난아기 텔레마코스를 데려다 놓자 더 이상 견디지 못하고 미치광이 연기를 멈췄다.

어쩔 수 없이 전쟁터에 나가게 된 오디세우스는 아들을 친구인 멘토르에게 부탁한다. 오디세우스가 집으로 돌아오기까지는 트로이전쟁 10년과 바다에서 떠돈 10년을 합해서 20년이 걸렸다. 그동안 멘토르는 오디세우스를 대신해서 아버지이자 스승의 역할을 다함으로써 텔레마코스를 훌륭한 청년으로 성장시켰다. 바로 여기서 멘토라는 말이 비롯되었다.

하지만 멘토라는 말이 널리 쓰이게 된 것은 아테나 여신 덕분이다. 트로이전쟁이 끝나도 오디세우스가 집에 돌아오지 않자 아들 텔레마코스는 아버지의 행방을 찾아 나섰다. 이때 아테나 여신이 멘토르의 모습을 하고 나타나 텔레마코스와 동행하며 길을 안내하고 위험에서 지켜준다.

여신이 멘토르로 변신해서 나타난 것은 텔레마코스가 가장 신뢰하는 인물이 그였기 때문이다. 이로부터 멘토는 풍부한 경험과 지혜를 겸비한 스승이자 상담가, 조언자, 안내자 등의 폭넓은 의미를 갖게 되었다.

그리스신화에서 지혜와 전쟁의 여신 아테나는 텔레마코스뿐만 아니라 수많은 영웅들을 멘토처럼 도와준다. 오디세우스가 트로이 목마를 고안해낸 것도, 그의 아내 페넬로페가 늙은 거지의 모습으로 돌아온 남편을 알아본 것도, 다 아테나 여신이 준 지혜 덕분이었다.

아테네는 또 영웅 페르세우스가 괴물 메두사를 처치할 때 공격용 방패인 아이기스를 빌려주었으며, 헤라클레스가 조국 테바이를 구하기 위해 싸울 때는 옆에서 같이 싸웠다.

트로이전쟁의 최고 영웅 아킬레우스가 사령관 아가멤논과 다툴 때는 그의 손을 꼭 잡아줘서 흥분하지 않도록 했으며, 트로이전쟁의 또 다른 영웅인 친구 파트로클로스를 잃고 슬픔에 잠겨 있을 때는 신들의 음식인 넥타르와 암브로시아를 먹이며 돌봐주었다.

지혜가 하는 일은 셀 수 없이 많다

아테나는 그리스인들이 가장 환영하는 여신이다. 그녀는 헤스티아, 아르테미스와 같이 영원한 순결을 맹세한 처녀 신으로 아테네 도시의 수호신이기도 하다. '순결한 처녀의 집'이라는 뜻을 가진 파르테논 신전은 바로 그녀에게 바쳐진 것이다.

아테나 여신은 지혜와 전쟁뿐만 아니라 기술과 직조, 요리, 도기 등 생활에 필요한 다양한 것들을 발명하고 주관한다. 또 그리스 철학자들의 사랑을 독점한 철학의 수호신으로 로마신화의 미네르바와 동일시된다.

아테나는 지혜와 학문의 여신이지만 차림새는 용맹스러운 여전사여서 항상 투구와 갑옷을 입고 창과 방패를 들고 다닌다. 책가방과 주먹은 썩 어울리는 조합이 아니지만, 아테나에게서 이 둘은 자연스러운 조화를 이룬다.

이는 제우스와 메티스를 부모로 둔 까닭이라고도 할 수 있다. 사려 깊은 지혜의 여신 메티스는 제우스가 정실부인 헤라와 결혼하기 전에 관계를 맺은 첫 번째 아내였다.

메티스가 아이를 임신하자 제우스는 꺼림칙해졌다. '딸을 낳으면 아버지와 대등한 능력을 가질 것이고, 아들을 낳으면 아버지를 능가할 것'이라는 불길한 예언을 들었기 때문이다.

제우스 자신도 아버지 크로노스에게 반기를 들었고, 크로노스는 제우스의 할아버지인 우라노스를 거세시키고 최고 통치자가 되었던 집안 내력 탓에 더욱 찜찜할 수밖에 없었다. 불안한 나머지 제우스는 임신한 메티스를 통째로 삼켜버렸다.

몇 달이 지나자 제우스는 머리가 쪼개질 듯이 아팠다. 극심한 두통에 시달리다 못한 그는 대장장이 신 헤파이스토스를 불러 도끼로 머리를 갈라달라고 부탁했다. 영원히 죽지 않는 불사의 신이기에 가능한 외과 수술이었다.

헤파이스토스가 제우스의 머리를 도끼로 찍어 가르자 놀랍게도 그 속에서 완전무장한 아테나가 튀어나왔다. 아테나는 제우스의 몸 속에서 계속 자라고 있었던 것이다.

출산 과정은 과격했지만 지혜의 여신이 제우스의 머리에서 태어났다는 것은 납득이 가는 상징적 이야기라고 할 수 있다. 지혜는 지식처럼 축적시켜나가는 게 아니다. 진짜 지혜는 도끼로 얻어맞은 듯이 번뜩하는 순간에 전광석화 같은 깨달음으로 다가온다.

자신의 몸을 갈라 직접 낳았기 때문인지 제우스는 '딸 바보'가 되어 아테나를 몹시 아끼고 사랑했다. 아테나는 제우스의 아이기스 방패를 쓸 수 있는 권한을 허락받았고, 무기창고의 열쇠도 맡아 관리했으며, 제우스만의 무기인 번개도 사용할 수 있었다. 제우스의 분신인 아테나는 이후에 탁월한 용맹과 무술로 전쟁에 나가 적들을 물리쳤으며 위기에 빠진 영웅들을 돕기도 했다.

하지만 아테나는 전쟁의 신이지만 전쟁을 싫어했다. 그녀의 전쟁은 파괴와 살육을 위한 게 아니라 평화와 방어를 위한 것이었다. 이 점에서 아테나는 같은 전쟁의 신인 아레스와는 극명한 차이를 이룬다. 호전적인 군신(軍神)인 아레스는 야만적이고 난폭한 전투를 일삼았다. 검으로 비유하면 아테나는 생명을 살리는 활인검이고, 아레스는 죽음을 부르는 살인검인 셈이다.

아테나는 지략과 이성으로 무장하고 적들의 무자비한 파괴로부터 도시와 문명을 보호해주었다. 때문에 그녀는 도시국가의 수호신으로 숭배되었고 아테네 외에도 스파르타, 아르고스 등 여러 도시에서 그녀의 신전이 세워졌다. 아테나가 아테네 사람들에게 선물한 올리브나무가 평화의 상징으로 간주되는 것도 같은 맥락이다.

앞서 〈포세이돈〉 편에서 보았지만, 아테나는 아테네 도시의 수호신이 되기 위해 포세이돈과 경쟁을 벌였다. 포세이돈은 삼지창으로 바위를 찍어 땅에서 샘물이 솟게 했고, 아테나는 그 옆에다 올리브나무를 심었다.

신들과 아테네 주민들은 올리브나무가 샘물보다도 유용하다고 판정했다. 경쟁에서 밀려난 포세이돈이 화풀이로 아테나가 살던 아티카 지방을 홍수로 쓸어버리자 그녀는 할 수 없이 아테네로 거처를 옮겼다.

그런데 바다의 신인 포세이돈이 샘물을 선물한 것은 쉽게 이해가 되지만 지혜의 신인 아테나와 올리브나무는 무슨 관련이 있을까? 지중해 연안의 고대인들에게 올리브나무는 그 쓰임새가 다양해 중요한 영양 공급원이었으며, 오일은 식재료와 피부 세정제, 연화제로도 쓰였다.

그것보다 아테네 주민들이 올리브나무를 선택한 가장 큰 이유는 연료로서의 쓰임새 때문이었다. 지중해 연안의 고대인들에게 나무 다음으로 중요한 연료는 올리브기름이었다. 저녁이 되어 어둠이 깔리면, 사람들은 올리브기름으로 등잔불을 밝혔다.

올리브기름을 태운 빛이 어둠을 물리치는 것을 보며 아테네인들은 무지의 어둠을 밝히는 지혜의 빛을 연상했다. 여기서 아테나 여신과 올리브나무는 연결고리를 갖게 된다. 올리브나무는 밤이 되면 눈이 밝아지는 올빼미와 더불어 지혜의 여신 아테나를 가리키는 상징물 중 하나이다.

인생에서 만나는 최고 행운

독일 고전 철학의 대가 헤겔(Hegel)은 〈법철학〉 서문에서 이런 유명한 말을 남겼다.

　미네르바의 올빼미는 황혼녘에야 날개를 편다.

　지혜의 여신 미네르바, 곧 아테나는 해가 뉘엿뉘엿 질 무렵에야 비로소 날아오를 채비를 한다. 밤이 되어 바쁘게 살았던 하루의 삶을 되돌아볼 때에야 잠자고 있던 지혜가 눈을 뜬다는 것을 알려준다.
　지혜의 여신은 밤이 되면 빛나는 올빼미의 눈을 갖고 있다. 호메로스는 〈오디세이아〉에서 아테나를 글라우코피스, 즉 '빛나는 눈을 가진 여신'으로 표현한다.

　그리스어 글라우코피스는 '빛나는(glaukos)'과 '눈(ops)'의 합성어로 올빼미의 눈을 가리킨다. 올빼미를 뜻하는 글라우크스도 여기서 유래했다. 오디세우스가 거친 바다에서 풍랑을 헤치고 집에 돌아올 수 있었던 것은 빛나는 눈을 가진 아테나 여신이 등대처럼 길을 밝혀주었기 때문이다.
　어둠이 짙으면 별이 더 반짝이듯이 역경을 만나면 지혜는 더욱 빛을 발한다. 아테나 여신의 지혜도 오디세우스의 험한 여정이 있었기에 더욱 밝게 빛난다. 천신만고 끝에 집으로 돌아온 오디세우스에게는 또 하나의 위험이 기다리고 있었다.

바로 아내 페넬로페를 차지하려고 오디세우스의 집에 눌러 붙어 재산을 거덜 내고 있는 100여 명의 구혼자들이었다. 오디세우스가 그들을 처치하지 않으면, 그들이 오디세우스를 처치할 것이었다.

아무리 강한 장수라고 해도 이 정도 수적 열세는 극복하기 힘들다. 이때 양치기로 변신하고 나타난 아테나 여신이 계책을 일러준다.

"그대는 절대로 방랑에서 돌아온 오디세우스라고 밝히면 안 된다. 나는 누구도 그대를 알아볼 수 없도록 늙은 거지의 모습으로 만들 것이다. 그리고 가장 먼저 충직한 돼지치기에게 가라. 그에게 물어 모든 상황을 파악해둬라. 그동안 내가 아들 텔레마코스를 불러오겠다. 아들이 돌아오면 함께 구혼자들을 응징해라. 그들이 너에게 어떤 행패를 부려도 꾹꾹 참아라."

요컨대 늙은 거지로 접근해서 방심하게 만든 뒤 구혼자들을 덫으로 몰아 단번에 처치하라는 것이다. 이와 함께 아테나는 페넬로페의 머리에도 계책을 넣어줘 구혼자들을 불러 모아 활 시합의 승자와 결혼하겠다고 선언하게 했다. 그 활은, 물론 임자인 오디세우스만이 시위를 당길 수 있는 것이었다.

12자루의 도끼를 세워 놓고 멀리서 화살을 쏘아 구멍을 꿰는 것은 그녀의 남편이 보여주던 활솜씨였다. 아들 텔레마코스가 돌아오자 힘을 합친 부자는 지혜의 여신이 짜준 계책을 따라 구혼자들을 모조리 살해함으로써 피로 물든 응징 드라마를 완성시켰다.

　오디세우스의 모험담은 호메로스가 기록했지만 각본을 짜고 연출한 것은 아테나였다고 할 수 있다. 하지만 정작 주인공인 오디세우스는 아테나가 자신을 돕고 있다는 사실을 잘 깨닫지 못했다. 20년 만에 고향땅에 돌아온 오디세우스에게 아테나는 이렇게 질책한다.

　"나는 그대가 온갖 노고를 겪을 때 곁에 서서 지켜주었건만 그대는 제우스의 딸 아테나를 알아보지 못했다."

　그러자 오디세우스는 이렇게 변명한다.

　"여신이시여! 인간이 아는 것이 아무리 많다 해도 사실 그대를 알아보기는 어려울 것입니다. 그대는 온갖 모습을 다 취하니까요."

　길바닥에 고인 물에도 달이 담겨 있다는 말이 있듯이 변명에 불과한 말에도 진실은 담겨 있는 법이다. 오디세우스가 자신을 도와준 아테나 여신을 알아보지 못한 것은 그의 말대로 그녀가 온갖 모습으로 변신해서 다가오기 때문이다.

　행운은 행운의 얼굴로 다가오지 않는다. 사람들이 행운을 놓치는 이유다. 지혜의 여신 아테나도 꼭 여신의 모습으로만 나타나지는 않는다. 때로는 양치기로, 때로는 늙은이로, 혹은 길에서 우연히 만나는 행인으로 변장하고 다가온다.

우리가 인생길에서 만나는 멘토도 마찬가지다. 나에게 지혜와 용기를 주는 멘토는 내가 전혀 예상하지 못한 뜻밖의 모습일 수 있다. 그러므로 겉모습에 현혹되어 멘토를 알아보지 못하는 것은 코앞에 다가온 행운을 놓치는 어리석음이 될지도 모른다.

마크 주커버그에게 아테나 여신은 스티브 잡스의 모습으로 다가온 셈이었다. 아시아 최고 갑부로 꼽히는 홍콩의 리카싱(李嘉誠) 청쿵그룹 회장은 이런 말을 했다.

인생에서 최고 행운은 바로 귀인을 만나는 것이다. 긴 여행을 떠날 때 같이 짐을 꾸려줄 사람, 비바람을 만났을 때 우산이 되어줄 사람, 성공이 코앞에 왔을 때 마지막으로 한 발 밀어줄 사람, 그런 사람이 곧 귀인이다.

리카싱 회장이 말한 귀인은 텔레마코스를 양육한 멘토이자 변장하고 나타난 아테나 여신이라고 할 수 있다. 이런 멘토를 만나고 싶은가? 선입견이라는 색안경을 벗고 내 주위를 찬찬히 둘러보라. 지혜의 여신 아테나는 생각보다 가까이에 있다.

인간, 신을 창조하다

Apol-
lon

밝게 빛나는 자,
아폴론

올림포스 12신의 두 번째 세대에 속하며 태양과 예언, 의술과 궁술, 음악과 시를 주관한다. 훤칠하
고 준수한 미남으로, 뭇 여인과 사랑을 나눈 이야기가 전해진다. 월계수와 악기 리라, 활과 화살, 백
조, 돌고래가 대표적인 상징물이다.

실패한 사랑에 씌워진 승리의 월계관

예쁘다고 연애를 잘하는 건 아니다. 꽃미남이라고 여복이 많은 것도 아니다. 잘생긴 태양의 신 아폴론이 그랬다. 제우스의 아들인 아폴론은 사냥의 신 아르테미스와 쌍둥이 남매지간이다.

이들의 어머니 레토는 제우스의 정실부인 헤라의 저주를 피해 해산할 곳을 찾아 헤매다 델로스 섬에 이르러서야 겨우 몸을 풀 수 있었다. 그마저도 헤라가 출산의 신 에일레이티이아를 붙잡아두며 방해한 탓에 9일 낮밤의 진통을 겪은 뒤에야 아폴론을 낳았다.

힘들게 태어났지만 아폴론에게서는 신들의 왕인 제우스의 핏줄답게 기품이 넘쳤다. 훤칠한 키에 부드럽게 물결치는 고수머리를 한 아폴론은 이성과 의술, 시와 음악을 관장하는 신답게 이목구비가 조화롭고 수려했다.

또 '밝게 빛나는 자'라는 뜻의 포이보스라는 별칭처럼 몸에서는 눈부신 기운이 뿜어져 나왔다. 그러나 뭇 여성의 가슴을 뛰게 하는 완벽한 이상형의 남자임에도 아폴론의 연애담은 늘 실패로 점철되어 있다. 그 중에 대표적인 것이 월계수로 변한 다프네와의 비극적인 사랑이야기다.

사랑은 우연한 만남으로 시작해서 기존의 법칙을 송두리째 파괴해버리는 예측 불가의 사건이다. 프랑스 철학자 알랭 바디우(Alain Badiou)가 《사랑예찬》이라는 책에서 말했듯이 아폴론에게도 사랑은 우연히 예측 못한 방향에서 날아와 그의 심장을 꿰뚫는다.

궁술에 능했던 아폴론이 왕뱀 피톤을 활로 쏘아죽인 지 얼마 안 되었을 때의 일이다. 우쭐해서 다니던 그는 어느 날 어린 에로스가 활을 갖고 노는 모습을 보고 한 마디 던졌다.

"꼬마야. 그런 위험한 무기는 나 같은 어른에게나 어울리지 애들은 갖고 노는 게 아니란다. 나이에 어울리게 불장난이나 하며 놀아라."

이 말을 듣자 에로스는 이렇게 응수했다.

"쳇! 당신의 화살이 모든 걸 맞힐 수 있다지만, 내 화살은 당신을 맞힐 수 있어요."

그러고는 두 개의 화살을 뽑아들었는데 하나는 사랑에 빠지게 하는 금화살이고, 하나는 어떤 사랑도 거부하는 납화살이었다. 에로스는 납화살을 날려 강의 신 페네오스의 딸인 다프네를 맞혔고, 금화살로 아폴론의 가슴을 명중시켰다.

문제는 그때부터였다. 화살에 맞자마자 아폴론은 다프네에게 홀딱 반해 미친 듯이 그녀를 쫓아다녔고, 반면에 다프네는 사랑이라는 말만 들어도 진저리를 치며 달아났다.

원래 다프네는 눈부신 미모 탓에 많은 남자들의 구애를 받았다. 하지만 그녀는 사냥의 여신 아르테미스처럼 숲을 돌아다니며 짐승을 잡는 일에만 정신을 쏟을 뿐 결혼은 안중에도 없었다. 다프네는 사윗감을 데려오라는 아버지 페네오스에게 언제나 처녀로 살게 해 달라고 간청해서 겨우 승낙을 받았다. 하지만 다프네의 아름다움은 그녀를 놔두지 않았다. 소원이 이뤄지기에는 그녀가 너무 예뻤던 것이다. 사랑의 화살을 맞은 아폴론은 다프네만 생각하면 가슴에 불이 이는 듯했다. 사랑에 빠지면 눈에 콩깍지가 씌워지는 건 신도 예외가 아니다.

아폴론의 눈에는 숲을 누비고 다니는 다프네의 선머슴 같은 모습까지도 아름답게 보였다. 다프네의 머리카락이 어깨 위로 아무렇게나 흘러내린 걸 보며 그는 이렇게 탄식했다.

"아, 헝클어진 모습도 저렇게 예쁘니 빗질을 하면 얼마나 더 아름다울까?"

그는 별처럼 반짝이는 다프네의 눈에서 눈길을 뗄 수가 없었다. 그뿐 아니라 그녀의 입술이며 목이며 손까지, 보이는 모든 것이 아폴론의 가슴을 마른 장작 타듯 타들어가게 했다.

사랑에는 이유가 없고, 그리움에는 마침표가 없다

어느 날, 마침내 아폴론이 용기를 내어 다프네에게 다가갔다. 그러나 다프네는 질겁하며 등을 돌려 달아났다. 아폴론이 걸음을 빨리하면 그녀는 더욱 속도를 높였다. 바람처럼 내빼는 뒷모습을 향해 아폴론이 애타는 목소리로 외쳤다.

"잠깐만 기다려요. 난 해치려는 게 아니라오. 양이 늑대를 피하듯 날 피해 도망가지 말아요. 사랑하기 때문에 뒤쫓는 겁니다. 그러다 넘어져 다치면 어떡해요. 제발 천천히 달려요. 나도 천천히 따라갈게요."

아폴론은 발보다 빨리 달리는 말을 던져 사랑을 호소했다.

"달아나더라도 내가 누구인지 알아야 하지 않겠소? 난 시골뜨기도 아니고, 농사꾼이나 양치기도 아니라오. 바로 제우스 신의 아들이며 델포이 땅과 테네도스 섬의 주인이오. 내게는 과거, 현재, 미래를 예언하는 능력도 있소. 리라 연주도 나보다 잘하는 신이나 인간은 없을 거요."

요즘 말로 '완소남'인 아폴론의 자기소개는 계속 이어졌다.

"내 화살은 쏘았다 하면 백발백중이오. 하지만 나보다 더 솜씨 좋은 자의 화살이 내 가슴을 꿰뚫어, 치유할 길 없는 상처를 입고 말았소. 나는 의술의 신이며 모든 약초의 효능을 알고 있소. 하지만

이 사랑병은 고칠 약초가 없으니 이 일을 어쩌면 좋겠소……."

아폴론의 말을 등 뒤로 흘리며 다프네는 정신없이 내뺐다. 바람
에 옷자락이 홀렁거려 맨살이 드러나는 것도 아랑곳하지 않았다.
그런데 그 모습조차 아폴론의 눈에는 아름답기 그지없었다. 아폴론
은 더욱 추격 속도를 높였다.

하지만 다프네가 아무리 잘 달린다 해도 아폴론을 따돌릴 수는
없었다. 둘 사이의 거리는 점점 좁혀졌다. 아폴론에게는 사랑의 날
개가 달렸고, 다프네에게는 두려움의 발이 달렸기 때문이다. 마침
내 아폴론의 헐떡거리는 숨소리가 다프네의 귀에 닿을 정도로 거리
가 가까워졌다. 다프네는 다급하게 강의 신인 아버지를 불렀다.

"아버지! 도와주세요. 땅을 열어 저를 숨겨주세요. 아니면 차라리
제 모습을 바꿔주세요. 저를 괴롭히는 이 아름다움을 거두어주세요."

그러자 놀라운 일이 벌어졌다. 말이 끝나기가 무섭게 다프네의
몸이 변하기 시작한 것이다. 팔다리가 뻣뻣이 굳어가더니 부드러
운 젖가슴은 딱딱한 나무껍질로 덮이고, 출렁거리던 머리카락은 나
뭇잎으로 변했다. 매끄러운 다리는 뿌리가 되어 땅속에 감춰졌으며
두 팔은 나뭇가지가 되었다. 삽시간에 다프네의 모습은 사라지고,
그녀의 것이었던 눈부신 아름다움만 월계수나무에 걸쳐 있었다.

깜짝 놀란 아폴론은 걸음을 멈추고 나무둥치를 만져보았다. 그랬더니 새로 돋은 껍질 속에서 다프네가 바들바들 떨고 있는 것이 느껴졌다. 아폴론은 월계수 가지를 끌어안고 입술을 갖다 대었다. 나무로 변한 다프네는 이 입맞춤에도 자꾸 몸을 웅크렸다. 아폴론은 이렇게 속삭였다.

"나의 신부가 될 수 없게 된 그대, 대신 나의 나무가 되었구려. 이제 이 나무로 나는 내 왕관을 만들어 쓸 것이고, 내 리라와 화살통도 이 나무로 장식하겠소. 위대한 장군들이 승리를 거두어 개선행진을 할 때 그대의 잎으로 만든 관이 그들의 이마에 씌워질 것이오. 또한 내가 영원한 젊음을 누리는 신이듯이 그대의 이파리도 늘 푸를 것이고 결코 시들지 않을 것이오."

아폴론이 이렇게 다짐하자 월계수는 알았다는 듯이 가지를 앞으로 뻗어 잎을 흔들었다.

황홀한 사랑이란 신기루에 불과한 것인지도 모른다. 고통 없는 사랑은 없다. 사랑이 전개되는 과정은 난폭한 물음과 견디기 힘든 고통과 우리가 극복하거나 극복하지 못하는 이별 따위를 동반한다.

철학자 알랭 바디우가 말한 그대로, 우연으로 찾아온 사랑은 예측불가의 격랑으로 몰아치다가 이별이나 상처 따위의 잔해를 남긴 채 그리움으로 잦아든다. 사랑에는 이유가 없고 그리움에는 마침표가 없다. 아폴론과 다프네의 못 이룬 사랑이야기가 그것을 보여준다.

어디로 튈지 모르는 사랑의 돌발성은 이성의 신인 아폴론도 의지대로 제어하지 못했다. 휘몰아치는 감정 앞에서 이성은 대체로 무력하다. 다프네의 마음을 사로잡기 위한 구애 과정에서도 아폴론의 냉철한 이성은 전혀 힘을 발휘하지 못했다. 그저 사랑을 향해 맹목적으로 내달리기만 했을 뿐이다.

그 결과 그가 얻은 것은 월계수로 변한 다프네라는 예측 못한 파국이었다. 다른 이들의 운명을 내다보는 예언의 신이었지만 정작 자신의 운명은 한치 앞도 내다보지 못했던 것이다.

고대 그리스의 도시 델포이에 있는 아폴론 신전에는 '너 자신을 알라(Gnothi seauton)'라는 경구가 새겨져 있다. 소크라테스가 한 말로도 알려진 이 유명한 격언은 예언의 신 아폴론이 내리는 신탁을 받기 위해 신전을 드나드는 인간들을 향한 것이었다. 그러나 신전의 주인인 아폴론도 아이로니컬하게 자신의 운명을 알지 못했다. 신들도 사랑만은 마음대로 할 수가 없다는 것을 보여준다.

다프네의 마음을 얻지 못한 아폴론은 사랑의 실패자일까? 언뜻 보면 그렇게 보이지만 신화시대의 그리스인들은 실연을 한 아폴론에게 승리의 월계관을 씌워주었다. 사랑의 실패가 곧 사랑의 승리라는 역설을 얘기하고 있다. 고대 그리스인들의 생각한 대로 사랑이란 원래 미완성인 그 자체가 가장 아름다운 것인지도 모른다. 슈베르트의 〈미완성 교향곡〉이 그 자체로 완결된 음악이듯이 말이다.

시와 음악의 신이기도 한 아폴론은 다프네 외에도 여러 상대와 미완성의 사랑을 완성한다. 그 중에 월계수로 변한 다프네 못지않게 아폴론의 마음을 애통하게 한 것은 히아신스 꽃으로 변한 히아킨토스였다.

"아아, 히아킨토스. 너는 나 때문에 청춘을 빼앗기고 죽어가는구나. 네가 얻은 것은 고통이요, 내가 얻은 것은 죄악이로다. 너 대신 내가 죽을 수 있다면……. 이제 너를 내 노래 안에서 나와 함께 영원히 살게 하리라. 나의 리라로 너를 칭송하고, 나의 노래로 네 운명을 애도하리. 그리고 이 대지에 내 탄식을 아로새긴 꽃을 피우리라."

아폴론은 자신이 끔찍이도 아끼던 미소년 히아킨토스가 자신이 던진 원반에 맞아 죽게 되자 끌어안고 이렇게 울부짖었다. 히아킨토스의 주검에서 피어난 히아신스 꽃잎에는 '아아……' 하는 아폴론의 탄식이 그리스 문자(α)모양으로 새겨져 있다.

눈물 속에서 반짝이는 사랑이라는 보석

아폴론의 또 다른 사랑이야기에서도 쓰라린 탄식은 그치지 않는다. 에우에노스 왕의 딸 마르페사의 사랑을 차지하기 위해 아폴론은 인간인 이더스와 경쟁을 벌였는데도 실연의 아픔을 맛본다. 마르페사가 영원한 젊음을 유지하는 아폴론 대신 자기와 함께 늙어갈 인간이더스를 남편으로 선택했기 때문이다.

플레기아스 왕의 딸 코로니스는 이보다 더 심한 굴욕을 안겨준다. 그녀는 아폴론과 사랑을 나눠 임신까지 했는데도 다른 남자와 결혼한다. 이 소식을 들은 아폴론은 코로니스를 활로 쏴 죽인다.

코로니스의 시신을 화장하기 위해 불붙인 장작더미가 타오르자, 뒤늦게 후회의 마음이 든 아폴론은 그녀의 배 속에 있던 자신의 아이를 꺼냈다. 이 아이가 바로 아스클레피오스로, 뒷날 자라서 의술의 신이 된다.

트로이의 마지막 왕 프리아모스의 딸인 카산드라와의 사랑도 비극적이다. 카산드라는 아프로디테 뺨치는 아름다움의 소유자였다. 사랑에 서툰 아폴론은 그녀의 사랑을 얻기 위해 예언 능력을 주겠다고 약속했지만, 막상 예언 능력을 얻은 카산드라는 태도를 바꿔 아폴론의 구애를 매몰차게 뿌리쳤다.

또 다시 사랑에 농락당한 아폴론은 이번에는 아픔만 곱씹고 있지 않고 단단히 앙갚음을 했다. 즉 카산드라의 예언에서 설득력을 빼앗아버린 것이다. 미래가 뻔히 보이건만 그것을 예언해도 아무도 안 믿어준다는 건 끔찍한 저주다. 더구나 그 미래가 자기 가족과 조국의 비극적 멸망이라면 그 답답한 고통은 극에 달한다.

카산드라는 빛나는 예지력으로 트로이전쟁과 목마가 초래할 파국을 내다보고 주위에 알렸지만 설득력을 잃은 그녀의 예언은 실성한 여자의 헛소리로 치부될 뿐이었다. 결국 그녀는 트로이의 멸망과 함께 칼을 맞고 생을 마감한다. 미래를 내다보는 예지력을 지녔어도 아폴론이 사랑한 여자들이 하나같이 겪은 비극적 운명이 자신의 것이 될 줄 내다보지 못했던 것이다.

신도 사랑만은 마음대로 하지 못한다. 꽃미남 아폴론 신은 마르페사나 코로니스 같은 인간에게까지 퇴짜를 맞았다. 인간이 신의 구애까지도 뿌리칠 수 있는 게 사랑이다. 사랑은 누구에게도 강요할 수 없다.

미래를 아는 예지 능력을 가졌어도 아폴론이나 카산드라는 정작 자신의 운명을 알지 못했다. 사랑은 그만큼 기존의 법칙으로 계산되거나 예측할 수 없는 돌발적이고 파괴적인 사건이다. 그 불가해한 사랑 때문에 완벽한 신조차 상처를 받고 눈물을 흘린다.

강요할 수 없기에 사랑에는 늘 가슴앓이가 따른다. 마음에는 손잡이가 없다. 상대가 안에서 마음의 문을 열기까지 기다릴 수밖에 없다. 완벽한 사내였던 아폴론도 사랑 앞에서는 늘 무력하게 무릎을 꿇었다.

아무리 강한 자도 사랑을 하면 약해진다. 그러나 사랑에 실패하여 눈물을 흘릴 바로 그때, 승리의 월계관이 주어진다. 사랑의 아픔으로 눈물을 흘리는 그 순간에야말로 사랑은 가장 빛이 난다는 뜻이다.

눈물 속에서 반짝이는 게 사랑이라는 보석이다. 아프면 아플수록 그 보석은 더욱 눈부시게 반짝거린다. 아폴론의 실패한 사랑이야기들에서 진정으로 취할 부분은 바로 이런 역설이다.

사랑으로 인해 마음이 아픈가? 그렇다면 그건 진주를 품은 조개의 고통이다. 아픔이 클수록 더욱 영롱한 진주 보석이 빚어진다. 눈물이 나더라도 너무 괴로워하지 말자. 신들도 사랑으로 인해 괴로워하고 눈물을 흘린다. 하물며 인간임에랴.

Her-
m e s

전령의 신,
헤르메스

신들의 뜻을 인간에게 전하는 전령 역할을 수행하는 신. 올림포스 12신의 두 번째 세대에 속하며
제우스와 티탄 아틀라스의 딸 마이아 사이에서 태어났다. 여행자, 체육, 상업, 도둑과 거짓말쟁이의
교활함을 주관한다.

날개 달린 모자, 날개 달린 신발

짐 캐리(Jim Carrey)와 모건 프리먼(Morgan Freeman)이 출연한 미국의 코미디영화 〈브루스 올마이티〉에는 전지전능한 신이 허름한 건물의 청소부로 나타난다. 그 신에게서 막강한 능력을 전해 받은 주인공은 신처럼 되어서 일주일 동안 온 세상을 휘젓고 다닌다.

신이 청소부 등의 인간 모습으로 변장하고 나타나는 것은 영화 속에서나 가능한 일이지만, 옛날 사람들에게는 이것이 상상이 아닌 실제로 얼마든지 일어날 수 있는 현실이었다. 그래서 고대에는 낯선 나그네가 찾아오면 정성껏 대접하는 풍습이 있었다. 혹시라도 인간의 모습을 하고 찾아온 신일지 모르기 때문이다.

흥미롭게도 2천 년 전에 기록된 성경에서도 그런 장면을 발견할 수 있다. AD 48년 무렵, 초대 교회의 사도 바울이 루스드라를 찾았을 때의 일이다. 루스드라는 소아시아 내륙에 있는 도시로 로마의 군용도로가 지나가는 비옥한 평원지대에 자리 잡고 있다.

바울은 바나바라는 동역자와 함께 전도 여행 중 이곳에 들렀다가, 우연히 태어나면서부터 걷지 못했던 지체장애인 한 사람을 만난다. 군중을 모아놓고 설교를 하던 바울은 그 앉은뱅이가 자신의 얘기를 열중하여 듣는 것을 보게 되고, 마음에 감동을 느껴 말을 멈추고 큰 소리로 외친다.

"일어나시오! 두 발로 똑바로 서보시오!"

그러자 눈을 의심케 하는 일이 벌어졌다. 앉은뱅이가 벌떡 일어나더니 멀쩡하게 걷는 것이었다. 자리가 발칵 뒤집어졌다. 눈앞에서 기적이 일어나는 것을 본 사람들이 흥분하여 소리를 지르기 시작했다.

"와! 신들이 나타나셨다! 저분들은 사람의 모양을 하고 하늘에서 내려온 신들이시다!"

사람들은 바울의 일행인 바나바를 보고 제우스라고 했고, 앞에서 설교를 한 바울을 헤르메스라고 했다. 그리고 몇몇 사람이 재빨리 성 밖으로 뛰어나가 제우스 신당의 제사장에게 알렸다.

신들이 내려오셨다는 소식에 놀란 제사장은 허겁지겁 황소 몇 마리와 화환을 준비해서 달려왔다. 그리고 바울과 바나바에게 연신 머리를 조아리며 군중들과 함께 제사를 드리려고 했다. 기겁한 바울이 옷을 찢으며 외쳤다.

"이게 무슨 짓이오? 여러분! 우리는 신이 아닙니다. 여러분과 똑같은 사람일 뿐이오. 우리가 여기에 온 것은 이런 헛된 제사를 버리고 천지를 지으신 하나님께 돌아오라는 말을 전하기 위해서요."

바울이 이렇게 말하며 무리를 말리니 그제야 소란이 진정되었다. 신약성서 〈사도행전〉에 나오는 이야기다.

사람들이 보기에 낯선 이방인인 바울과 바나바는 딱 제우스와 헤르메스 신이었다. 실제로 이 지방에는 예전에 이들이 인간의 모습을 하고 방문했었다는 이야기가 전해지고 있었다. 바로 그리스신화에서 미담으로 전해지는 바우키스와 필레몬 부부의 이야기다.

제우스와 헤르메스가 함께 다니는 것은 둘이 부자지간이기도 하지만 헤르메스가 제우스의 전령이기 때문이다. 제우스가 인간으로 변복하고 소아시아의 프리기아 지방을 여행할 때도 헤르메스는 늘 쓰고 다니던 날개 모자를 벗고 아버지를 따라나섰다.

날이 저물어 어느 마을을 찾은 그들은 이 집 저 집 문을 두드리며 하룻밤 묵게 해달라고 청했지만, 마을사람들은 낯선 불청객을 보고 문을 쾅 닫거나 대문의 빗장을 질러버렸다. 온 동네를 돌아다녔어도 제우스와 헤르메스는 잠잘 곳을 구하지 못했다.

그런데 단 한 집, 짚과 갈대로 지붕을 이은 초라한 집만은 두 길손에게 문을 열어주었다. 바로 필레몬이라는 영감과 바우키스라는 할멈이 사는 오두막집이었다. 마음씨 착한 노부부는 젊은 시절 그 집에서 결혼식을 올리고 둘 다 백발이 될 때까지 오순도순 살아가고 있었다.

그들은 비록 궁핍한 살림이었지만 불평하거나 부끄러워하지 않고, 때로 손님이 찾아오면 정성껏 대접하는 것을 행복으로 삼았다. 제우스와 헤르메스 두 신이 집안에 들어왔을 때도 마찬가지였다.

노부부는 두 신에게 의자를 내오고, 그 위에 초라하나마 방석을 깔았다. 아내 바우키스는 화로를 뒤져 불씨를 살려낸 다음 냄비를 안치고 마당에서 가꾼 채소를 다듬었다. 남편 필레몬은 오랫동안 아껴온 훈제 돼지고기를 가져와 옆구리 살을 잘게 썬 뒤 끓는 물에 넣었다.

음식을 준비하는 중에도 노부부는 쉴 새 없이 수다를 떨어 손님들이 지루하지 않게 했다. 두 신은 이들이 가져다준 더운물로 손과 발을 씻으며 여행의 피로를 씻었다.

이윽고 소박하지만 푸짐한 상이 차려졌고, 제우스와 헤르메스는 식탁에 마주 앉았다. 올리브, 딸기, 절인 버찌, 치즈, 순무, 구운 계란이 먹음직스럽게 차려져 있었다. 김이 모락모락 나는 음식접시가 오가고 향긋한 포도주도 곁들여졌다. 후식도 호도, 무화과, 대추, 사과, 포도, 꿀을 담은 벌집 등으로 풍성하게 이어졌다.

신을 사랑하는 자는 신의 사랑을 받는다

노부부가 낯선 손님들이 신이라는 사실을 알아차린 것은 술을 따라줄 때였다. 술병에서 포도주를 따랐는데도 다시 따르려고 하면 어느새 술병에는 새 포도주가 가득 채워져 있었다. 그런 기적이 몇 번 되풀이되자 노부부는 두 길손이 예사롭지 않은 존재라는 걸 깨달았다. 두려운 마음이 든 노부부는 두 손을 싹싹 비비며 무례를 용서해달라고 빌었다. 그제야 제우스와 헤르메스는 자신들의 정체를 밝혔다.

"우리는 신들이다. 나그네를 대접할 줄 모르는 네 이웃들은 곧 큰 벌을 받을 것이다. 그러나 너희들은 그 재앙을 피할 수 있게 해주겠다. 지금 당장 이 집을 떠나 뒷산으로 올라가라."

노부부가 산꼭대기에 올라 뒤를 돌아보니 온 마을이 물에 잠겨 사라지고 그들이 살던 집만 동동 떠 있었다. 노부부의 놀란 입이 채 다물어지기도 전에 또 하나의 놀라운 일이 눈앞에서 펼쳐졌다. 그들이 살던 오막살이집이 웅장한 신전으로 변하는 것이었다.

제우스는 노부부를 신전지기로 살게 해줬고 둘이 한 날 한 시에 함께 눈을 감는 복도 허락해주었다. 오비디우스는 〈변신이야기〉에서 이런 말로 바우키스와 필레몬의 이야기를 마무리한다.

신들을 사랑하는 자는 신들의 사랑을 받고, 신들을 드높이는 자는 사람들로부터도 드높임을 받는 법일세.

제우스를 수행한 헤르메스는 전령이자 여행과 상업의 신이다. 날개 달린 모자에 날개 달린 신발을 신고, 뱀 두 마리가 휘감은 모양의 날개 달린 지팡이를 든 그는 동에 번쩍, 서에 번쩍 온 천지를 돌아다닌다.

케리케이온이라 불리는 그의 황금지팡이는 상대를 잠재우는 최면 능력이 있었다. 헤르메스는 이 마법의 지팡이로 아무도 모르게 감쪽같이 일을 처리하고는 바람같이 사라져버리고, 그뿐만 아니라 제우스의 전령으로서 그는 지하세계까지 자유롭게 넘나든다.

신들 가운데 저승세계를 마음대로 오갈 수 있는 신은 헤르메스가 유일하기에, 그는 죽은 자의 영혼을 하데스가 관장하는 지하세계로 안내해 가는 '영혼의 인도자'라고 불리기도 한다.

지상과 지하의 경계를 넘나드는 그는 신과 인간의 세계와 길과 길 사이의 경계도 누비고 다닌다. 헤르메스라는 이름은 그리스어에서 돌무더기를 뜻하는 '헤르마(Herma)'에서 유래했는데, 고대인들은 길이 교차되는 곳에 돌을 쌓아 표지석으로 삼았다. 우리식으로 하면 나그네들이 갈림길이나 성황당에 쌓아놓은 돌탑인 셈이다.

돌무더기 헤르메스는 자연스럽게 여행자들이나 무역 상인들의 가이드이자 수호신이 된다. 머리가 비상하고 말을 잘하며 상대의 속셈을 빠르게 간파해 흥정에도 능한 헤르메스는 상인들의 수호신으로 제격이다.

헤르메스의 이런 재주는 태어난 첫날부터 유감없이 발휘되었다. 헤르메스는 바람둥이 제우스와 킬레네 산의 동굴에 사는 요정 마이아 사이에서 불륜의 열매로 태어났다. 여행의 신답게 헤르메스는 엄마 배 속에서 나온 첫날부터 여기저기 바쁘게 싸돌아다니며 일을 벌였다.

엄마 몰래 포대기의 띠를 풀고 동굴 밖으로 나온 그가 맨 처음 한 일은 리라 악기를 만든 것이었다. 길에서 거북이 한 마리를 주워 만지작거리다가 속의 살을 도려내고 등껍질에 소 힘줄을 연결해 퉁겼더니 아름다운 소리가 났다. 세계 최초의 리라 악기가 탄생한 것이다.

헤르메스가 그다음으로 한 일은 도둑질이었다. 리라를 가지고 놀다가 배가 고파진 그는 마침 아폴론 신이 기르고 있는 소떼를 발견하고는 훔치기로 마음먹었다. 날이 어둑어둑해질 무렵 산자락에 모여 있는 소떼에 몰래 접근한 그는 날랜 솜씨로 순식간에 소 50마리를 훔쳤다.

그리고 영악스럽게도 소들의 꼬리를 잡고 뒷걸음질을 쳐서 마치 소들이 산 위로 올라간 것처럼 보이게 했다. 또 증거인멸을 위해 자신의 샌들에는 덤불을 동여매 발자국을 지웠다. 그리고 밤새 길을 재촉해 외딴 벌판에 소떼를 숨겨놓고 자신의 갓난아기 포대기로 돌아가 시치미를 딱 떼고 누웠다.

디지털시대의 기회의 신

하지만 완전범죄란 없다. 발자국은 없어도 목격자는 있는 법이다. 소들이 없어진 것을 안 아폴론은 노발대발하여 도둑을 잡으러 나섰다. 포도밭에서 일하는 노인이 목격한 것을 단서 삼아 아폴론은 마침내 헤르메스를 찾아냈다. 그리고 잠자는 체하는 그를 번쩍 들어 올려서 소떼를 내놓으라고 다그쳤다.

어린 거짓말쟁이 헤르메스가 아무리 오리발을 내민다 해도 이복형인 아폴론을 당해낼 수는 없었다. 궁지에 몰린 헤르메스는 꾀를 내어 리라를 꺼내들고 익살스러운 노래와 연주로 국면 전환을 시도했다.

어린 아기의 재롱은 속이 뻔히 보여도 미워할 수가 없다. 더구나 아폴론은 음악의 신이라 헤르메스의 리라 연주가 더욱 가슴에 와 닿았다. 마음이 풀어진 아폴론은 리라 악기와 소떼를 바꾸는 것으로 도둑질을 용서하려고 했다.

하지만 헤르메스는 타고난 장사꾼이었다. 아폴론이 리라 악기를 탐내는 것을 약삭빠르게 눈치챈 그는 한술 더 떠서 흥정에 나섰다. 리라 악기를 주는 대가로 아폴론이 맡고 있는 목동의 수호신 자리까지 달라고 요구한 것이다.

그리고 덤으로 목동의 수호신 직분을 상징하는 두 마리 뱀이 휘감고 있는 황금지팡이 케리케이온까지 얹어 받음으로써 수지 남는 거래를 완성시켰다. 어쨌든 그 후로 이복형제인 아폴론과 헤르메스는 사이좋게 지내게 되었고, 이를 눈여겨본 제우스는 눈치 빠른 재주꾼인 헤르메스를 자신의 전령으로 삼았다. 태어난 첫날부터 바쁘게 돌아다니며 장사꾼 수완까지 발휘한 헤르메스는 과연 전령의 신이자 여행과 상인의 수호신이라는 감탄이 나온다.

헤르메스는 신화 속에서만 바쁜 게 아니다. 날개 달린 모자와 날개 달린 샌들을 신은 헤르메스는 신화와 현실을 넘나들며 하늘과 땅, 지상과 지하, 이 길과 저 길을 누비고 다닌다. 동에 번쩍, 서에 번쩍 출몰하는 헤르메스는 신화나 영화에서만이 아니라 21세기인 오늘의 현실에서도 얼마든지 만날 수 있다.

그가 가지고 다니는 마법의 지팡이만 해도 군대 의무병과나 각종 의료협회의 마크에서 쉽게 찾아볼 수 있다. 의학의 신 아스클레피오스의 지팡이는 뱀 한 마리가 휘감고 있지만, 헤르메스의 지팡이는 뱀이 두 마리나 된다. 뱀은 땅 속의 컴컴한 굴과 땅 위를 오가는 동물이라 명부(冥府)를 오가는 헤르메스를 연상케 한다.

원래 의학의 상징은 아스클레피오스의 지팡이지만 미국 육군 의무병과가 착오로 헤르메스의 지팡이를 채택한 뒤로 여러 나라에서 이를 사용하게 되었다. 또한 헤르메스의 날개 달린 신발인 탈라리아와 날개 달린 모자 페타소스는 타이어나 운동화, 여행용품의 아이콘으로 쓰여 우리 눈에 익숙하다.

헤르메스는 디지털 시대인 이 시대에도 도처에서 모습을 드러낸다. 우리가 날마다 켜는 인터넷 화면에서도 헤르메스는 수시로 사람들과 눈 맞춤을 한다. 눈 밝은 이들은 네이버 초기화면의 검색창 왼쪽에 있는 헤르메스의 날개 달린 모자를 찾아냈을 것이다.

인터넷 세상의 빠른 메신저를 표방하는 네이버는 초창기부터 헤르메스의 모자를 아이콘으로 삼았다. 당시 네이버 광고에서 배우 전지현이 깃털 두 개가 양쪽에 봉긋 달린 모자를 쓰고 나왔던 것을 기억하는 이들도 있을지 모른다. 종횡무진 세상을 누비며 빠르게 정보를 전달하는 헤르메스의 이미지를 광고에 활용한 것이다.

디지털문명의 시대는 모든 정보가 네트워킹되는 사회이다. 전통적인 전문 분야의 경계는 허물어지고 융합, 통섭, 퓨전, 하이브리드, 크로스 오버 등의 용어가 봇물 터지듯 난무하고 있다. 이런 정보화 사회에서 하늘과 땅, 지상과 지하, 가상과 현실의 경계를 넘나들며 신속하게 메시지를 전하는 헤르메스는 네트워크의 원조인 셈이다.

신화의 시대에 나그네들의 길을 지켜주던 전령의 신 헤르메스는 이제 네트워크의 신이 되어 디지털 세상을 누비고 있다. 시간과 장소에 구애받지 않는 디지털 노마드들에게 헤르메스는 길잡이가 되어 새로운 세계로 안내한다.

그곳에서는 상상과 기술이 하나가 되고 가상과 현실이 서로 몸을 섞는다. 그곳은 공상과학 영화에서나 보던 장면들을 날마다 일상생활에서 만나는 곳이기도 하다.

헤르메스 신은 오늘 이 시각 어느 거리에서 늙은 청소부의 모습으로 우리를 기다리고 있을지 모른다. 아니, 멀리 갈 것도 없다. 헤르메스는 이미 당신의 손 안에 쥐어져 있다. 프랑스 철학자 미셸 세르(Michel serre)가 엄지세대의 또 하나의 뇌라고 이름 붙인 스마트폰이 그것이다.

화면을 켜면 수많은 어플리케이션 속에서 헤르메스가 나타나 당신을 이쪽저쪽 낯선 세상으로 안내할 것이다. 앉아서도 벽을 뚫고 나가 하늘과 바다를 가로지르는 기적도 가능하다. 미스터, 혹은 미스 '올 마이티'가 되는 것이 내 손에 달려 있다. 디지털시대에 헤르메스는 기회의 신이다.

인간, 신을 창조하다

Ares

전쟁의 신,
아레스

올림포스 12신 중 하나로 전쟁과 파괴를 주관하는 신. 피와 살상을 즐기고, 잔인하고 야만적이다. 제우스와 헤라 사이에서 태어난 아들로 헤베와 에일레이티이아가 누이이다. 미의 여신 아프로디테의 연인으로도 유명하다.

올림포스에서 가장 밥맛없는 녀석

중국의 고전 《여씨춘추》에 이런 대화가 보인다.

"오나라는 왜 망했는가?"

"자주 싸워서 자주 이겼기 때문입니다."

오나라는 우리가 잘 아는 고사성어 '오월동주(鳴越同舟)'의 그 오나라이고, '와신상담(臥薪嘗膽)'이라는 물고 물리는 복수극의 무대이기도 하다. 대화에 따르면, 오나라는 전쟁을 잘해서 망했다고 한다. 전쟁에서 이기면 나라가 더 군건해져야 하는데 왜 무너졌을까? 이어지는 대화가 그 역설을 설명한다.

"자주 싸워서 자주 이기는 것은 나라로서는 복된 일인데 어찌된 까닭인가?"

"자주 싸우면 백성은 지치고, 군주는 교만해집니다. 오만방자한 군주가 피폐한 백성을 부리는 나라 중에서 망하지 않은 경우는 천하에 드뭅니다."

전쟁에서 이기는 것이 꼭 복된 것은 아니다. 승리는 교만을 불러 또 다른 전장으로 치닫게 만들기 때문이다. 그래서 전쟁에서 승자란 없고 모두 패배자일 뿐이라는 말이 나왔다. 워털루 전투에서 나폴레옹(Napoléon)에게 승리한 웰링턴 공작(Wellington)도 비슷한 탄식을 했다.

세상에서 가장 비참한 것은 전쟁에서 지는 것이다. 그러나 전쟁에서 이기는 것도 비참하기는 마찬가지다.

웰링턴 공작과 나폴레옹의 차이는 이런 말에서 찾아볼 수 있다. 승리에 도취되지 않고 전쟁의 비참함을 안 것은 나폴레옹과 웰링턴의 운명을 가른 결정적 차이였다.

나폴레옹은 전쟁으로 일어나 영웅이라는 칭호를 얻었다. 변방인 코르시카 섬 출신의 시골뜨기인 그는 프랑스 국민들의 열광 속에 황제의 자리에까지 올랐다. 하지만 그는 말년에 유배지인 세인트헬레나 섬에서 쓸쓸히 최후를 맞았다.

'전쟁의 신'이라고 할 만큼 승승장구하며 탁월한 군사능력을 발휘했던 나폴레옹이 왜 그렇게 비참하게 몰락했을까? 《여씨춘추》에 나오는 것과 똑같은 대화를 되풀이할 수밖에 없다.

"나폴레옹은 왜 망했는가?"

"자주 싸워서 자주 이겼기 때문입니다."

전쟁은 양날의 검처럼 상대뿐만 아니라 자신까지도 파괴한다. 전쟁의 승리가 가져다주는 훈장에는 영광만이 아니라 피눈물과 상처로 얼룩져 있다. 《전쟁론》을 쓴 클라우제비츠(Carl Clausewitz)는 이런 말을 남겼다.

전쟁은 영웅을 남기는 게 아니라 비참한 눈물과 고통, 피를 남긴다.

동양의 고전병법서들도 모두 군대는 흉기이며, 전쟁은 덕을 거스르는 것이라고 가르친다. 하지만 전쟁을 즐기는 호전적인 자들은 피비린내 나는 살육의 현장으로 즐거이 달려간다. 그리스신화에 나오는 전쟁의 신이자 군대의 신인 아레스가 그랬다.

그리스신화에서 전쟁의 신은 둘이 있다. 하나는 앞에서 본 지혜의 여신 아테나이고, 다른 하나는 파괴와 살육을 일삼은 아레스다. 둘 다 갑옷과 투구를 착용하고 창과 방패를 들고 다녀 차림새는 비슷하지만, 관장하는 전쟁의 성격은 판이하다.

아테나가 문명과 도시를 수호하는 자유와 정의의 신이라면 아레스는 폭력과 살상을 일삼는 야만적인 신이다. 전투에 관해서도 아테나는 지혜의 신답게 지략이 뛰어난 반면, 아레스는 덩치만 컸지 머리가 모자라 미련한 곰처럼 종종 패배의 수모를 당한다. 심지어 인간에게까지 패해 아버지인 제우스의 미움을 사기도 한다.

아레스는 신들의 왕 제우스와 본부인 헤라 사이에서 태어난 최고 혈통의 왕자다. 하지만 성격이 거칠고 사나운 데다 불성실해서 아버지의 얼굴에 먹칠을 하고 다니는 망나니 부잣집 2세들처럼 툭하면 일을 저질렀다.

그 중에서 미의 여신 아프로디테와 불륜을 저지르다 들켜 온 천하의 망신거리가 된 사건은 모르는 이가 없을 정도로 유명하다. 부모의 위세를 믿고 안하무인으로 날뛰는 아레스를 아버지라고 탐탁하게 생각할 리 없었다. 호메로스가 지은 〈일리아스〉를 보면, 제우스가 아들 아레스에게 올림포스에서 가장 밥맛없는 녀석이라고 꾸짖는 대목이 나온다.

트로이전쟁이 일어나 신들도 두 패로 갈려 싸울 때 아레스는 애인 아프로디테를 따라 트로이 편을 들었다. 트로이전쟁은 호메로스의 표현에 따르면 신들 가운데 가장 더러운 신이며 피를 마시고 사는 아레스의 포로가 되어 가장 끔찍한 재앙에 투입된 인간들의 이야기다.

정의로운 법정의 상징으로 남다

한번은 아테나와 아레스가 전장에서 마주쳤다. 아레스는 라이벌 아테나의 가슴을 향해 힘껏 창을 던졌다. 하지만 책략뿐 아니라 무술에 있어서도 아레스는 아테나의 적수가 못 되었다. 아테나는 창을 슬쩍 피하더니 돌을 들어 아레스의 목덜미를 내리쳤다. 아프로디테가 달려와 쓰러진 애인을 부축하자 아테나는 그녀마저 주먹으로 쳐서 둘은 땅바닥에 벌렁 자빠지고 말았다.

또 한번은 밀고 밀리는 전투 중에 아레스가 그리스군의 용사 디오메데스에게 창을 날렸다. 하지만 디오메데스를 지키고 있는 아테나가 창의 방향을 트는 바람에 허공을 찌르고 말았다. 그러자 바로 디오메데스가 창을 치켜세우고 반격해왔다. 아테나가 아레스의 아랫배를 찌르도록 도와주자 디오메데스의 창은 사정없이 목표한 곳을 꿰뚫었다.

창에 찔린 아레스는 고통을 견디지 못하고 큰소리로 울부짖었다. 그 비명소리가 얼마나 큰지 9천 명 내지 1만 명의 병사가 일제히 내지르는 함성과도 같았다. 아레스는 올림포스 산의 제우스에게 득달같이 달려가 흐르는 피를 보여주며 아테네가 한 짓을 일러바쳤다.

"아버지, 보세요. 이 끔찍한 상처를 보고도 노엽지 않으세요? 아버지가 낳으신 못된 딸 아테나 때문에 신들이 이렇게 무서운 고통을 당하고 있어요."

제우스는 아레스를 두둔하기는커녕 버럭 화를 냈다.

"못난 녀석. 내 앞에서 꼴사납게 징징거리지 마라. 나는 올림포스 신들 가운데 네가 가장 밉다. 매일 싸움질만 하고 다니니, 너는 정말 네 어미 헤라를 쏙 빼닮았구나."

하지만 아들을 이기는 아버지는 없다. 미워도 아들인지라 제우스는 치유의 신에게 명하여 치료하게 했다. 아레스에게 인간의 창에 찔리는 수모를 준 것은 디오메데스만이 아니다. 아레스에게는 아들이 하나 있었는데, 부전자전이라고 난폭하고 잔인한 살육을 일삼았다.

그는 마주치는 사람을 무차별적으로 죽여, 그 뼈로 아버지 아레스를 위한 신전을 짓는 만행을 저질렀다. 영웅 헤라클레스가 나서서 이 못된 아들을 죽여버렸다.

아레스는 이를 갈며 헤라클레스를 향해 복수의 창을 던졌지만 그때도 헤라클레스를 돕고 있는 아테나 여신이 창을 빗나가게 만들었다. 오히려 반격에 나선 헤라클레스의 창에 아레스는 넓적다리를 깊숙이 찔리고 말았다.

이를 보고 아레스의 시종들이 달려와 그를 마차에 태운 뒤 올림포스 산으로 줄행랑을 쳤다. 아레스는 분해서 창피한 줄도 모르고 엉엉 소리 내어 울었다. 이뿐만 아니라 아레스는 거인 형제에게 붙잡혀 쇠사슬에 묶인 채 13개월이나 청동 항아리에 갇히는 수모를 당한 적도 있었다.

이렇게 사납고도 찌질한 아레스를 다른 신들이라고 환영할 리 없었다. 애인인 아프로디테만 빼고 올림포스의 신들은 폭력을 일삼는 아레스를 경멸했다. 그래서인지 아레스가 불의를 보고 분노한 나머지 주먹을 휘둘렀을 때도 신들의 세계에서는 그런 일들이 비일비재함에도 불구하고 살인혐의로 고소되어 신들의 법정에 서도록 내버

려두었다. 사건 경위는 이렇다.

아레스에게는 알키페라는 예쁜 딸이 있었다. 아네테의 공주 아글라우로스와 사랑을 나눠 얻게 된 눈에 넣어도 안 아픈 딸이다. 그런데 어느 날 이 딸이 샘물가로 나갔다가 포세이돈의 아들 할리로티오스에게 끌려가 강제로 겁탈을 당했다. 딸의 비명소리를 듣고 급히 달려온 아레스는 분을 참을 수 없었다. 당장에 주먹을 날려 딸을 욕보인 할리로티오스를 한 방에 죽여버렸다.

이번에는 아들을 잃은 포세이돈이 분노했다. 아레스를 살인혐의로 고소해 올림포스의 신들로 구성된 법정에 서게 했다. 사건 현장인 아테네의 조그만 언덕 위에서 올림포스의 12신이 배석한 가운데 재판이 열렸다.

판결 결과는 무죄였다. 신들은 딸을 강간한 악한을 때려죽인 아레스의 행위를 정당한 것이라고 인정했다. 법의 저울은 공정해서 특정인에 대한 호불호의 감정에 따라 기울어지지 않았다. 신들의 이 재판은 인간들에게 좋은 본보기가 되었다.

그래서 이를 기념하기 위해 재판이 열렸던 곳을 아레이오스 파고스(Areios Pagos), 즉 '아레스의 언덕'이라고 명명했다. 고대 아테네인들은 이곳에서 살인이나 종교에 관련된 중요한 재판을 열었는데, 오늘날에도 그리스에서는 대법원을 아레오파고스라 부르고 있다.

잔인한 살육을 일삼은 아레스가 정의로운 법정의 상징으로 남게 된 것은 아이러니하다. 이는 전쟁이라 하더라도 명분이 있으면 타당한 것으로 용납될 수 있음을 시사한다.

내가 평생 싸워야 할 사람은

전쟁은 허가받은 살인행위라고도 한다. 전쟁이 일어나면 수많은 인명의 희생이 불가피하다. 장군 한 사람이 공을 세울 때마다 1만 명의 백골이 쌓인다는 말도 있다. 그래서 병법서의 고전인《손자병법》은 싸우지 않고 이기는 것을 최선으로 삼았고, 부득이 전쟁을 할경우 최대한 빨리 끝내는 것을 차선으로 삼았다.

가능한 한 피를 적게 흘리고 신속한 승리를 얻기 위해서는 힘에 의지하는 것보다 지혜의 신 아테나의 책략이 필요하다. 무모하게 폭력을 휘두르는 아레스는 같은 전쟁의 신이라도 아테나보다 한 수 아래로 평가될 수밖에 없다. 노자는《도덕경》에서 이렇게 말하고 있다.

병기는 상서롭지 못한 기물로, 군자가 사용하는 기물이 아니다. 부득이 병기를 사용하더라도 적개심을 버리고 담백한 마음가짐을 갖는 것을 높이 친다. 또 승리를 거두더라도 미화하지 않는다. 전쟁의 승리를 미화한다는 것은 살인을 즐긴다는 뜻이다. 무릇 살인을 즐기는 자는 세상에서 큰 뜻을 이룰 수 없다.

살상 전쟁을 즐기는 아레스가 들으면 뜨끔해할 구절이다. 전쟁은 부득이 할 때만 해야 하며, 웰링턴 공작이 말했듯이 승리하더라도 전쟁이 가져다준 비참한 현실을 잊지 말아야 한다. 하지만 아레스와 같은 유형의 인간들은 승리에 도취되어 오만한 자신감으로 계속 전쟁에 뛰어든다.

'피로스의 승리(Pyrrhic victory)'라는 말이 있다. 전쟁에서 이겼어도 손해가 막대해 승리한 의미가 없는 경우를 가리킨다. 피로스는 기원전 3세기경 그리스 북부지방인 에페이로스의 왕으로 군사 능력이 뛰어나 알렉산더 대왕 못지않다는 평을 받는 인물이다.

그는 이탈리아 반도를 넘어 지중해 연안을 제패하고자 하는 야망을 갖고 있었다. 그러자면 먼저 당시 새롭게 떠오르는 강국 로마를 물리쳐야 했다. 기원전 279년에 피로스는 병사 2만 5천 명과 코끼리 부대를 이끌고 자신만만하게 로마 원정길에 나섰다.

하지만 쉽게 끝날 거라는 예상과 달리 고전을 면치 못했고, 힘겨운 공방전 끝에 간신히 승리를 거두기는 했지만 그 과정에서 피로스의 군대는 병사 3분의 1 이상을 잃는 등 엄청난 피해를 입었다.

승전을 축하하는 자리에서 그는 이렇게 탄식했다.

"슬프다. 이런 승리를 한 번만 더 거두었다간 망하고 말겠구나."

결국 그의 탄식대로 피로스는 기원전 272년 스파르타를 침공했다가 전사하고. 그의 나라도 역사 속에서 지워지고 만다. '상처뿐인 영광'인 피로스의 승리는 패망으로 달려가는 지름길인 셈이다.

호메로스가 노래한 대로 피투성이 살인마 아레스의 포로가 된 인간들은 전쟁이라는 끔찍한 재앙에 투입되어 기껏해야 피로스의 승리나 거두다가 패망할 뿐이다. 춘추전국시대의 명장 오기(嗚起)가 지은 것으로 알려진《오자병법》에는 이렇게 나와 있다.

다섯 번 싸워 이긴 자는 재앙을 면치 못하고, 네 번 싸워 이긴 자는 피폐해지고, 세 번 싸워 이긴 자는 패자(覇者)가 되고, 두 번 싸워 이긴 자는 왕이 되고, 한 번 싸워 이긴 자는 황제가 된다.

승리가 꼭 복인 것은 아니다. 자주 싸워서 자주 이기는 자는 화를 면치 못한다. 진정한 황제는 단 한 번 싸워 승리하는 자로, 승리 가도를 질주하며 황제의 자리에 올랐지만 결국에는 몰락하고 만 나폴레옹의 비극이 그것을 보여준다. 세인트헬레나 섬에 유배된 나폴레옹은 이렇게 자책했다.

나의 최대 적은 나 자신이었다. 나의 실패와 몰락은 누구의 탓도 아니고 오직 나 때문이었다.

진정한 승리자는 자신과 싸워 이기는 자다. 나의 최대 적은 내 안에 있다. 남을 이기고자 하는 사람은 먼저 나 자신을 이겨야 한다. 남과 싸워 이기는 것은 힘이 세다고 하지만, 나와 싸워 이기는 것은 강하다고 일컫는다. 자신과 싸워 이기는 자는 성을 빼앗는 자보다 낫고, 전쟁에서 혼자 수천 명의 적을 물리친 용사보다 낫다는 말도 있다.

무모한 전쟁의 신 아레스처럼 걸핏하면 폭력을 휘두르며 남과 싸우는 것을 능사로 삼는 사람은 용렬(庸劣)한 졸장부에 지나지 않는다. 아레스는 전쟁의 피를 먹고서 교만을 살찌웠다. 사람들을 패망의 길로 이끄는 그 자가 보고 싶은가? 거울 앞에 서 보라. 내가 평생 싸워야 할 그 사람이 바로 그 안에 있다.

인간, 신을 창조하다

H e p-
halstos

대장간의 신,
헤파이스토스

올림포스 12신 중 하나로 야금술, 금속공예, 수공업, 조각 등을 관장하는 대장간의 신. 절름발이이
지만 아테나 여신과 함께 기술과 장인의 수호신으로 숭배된다. 미의 여신 아프로디테와 정식으로
혼인한 사이다.

상처가 보석으로 빚어지는 영혼의 대장간

셰익스피어에게 그와 똑같은 재능을 지닌 여동생이 있었다면 어떻게 되었을까? 영국은 그와 쌍벽을 이루는 또 하나의 대문호를 갖게 되었을까? 흥미로운 상상이지만 대답은 썩 긍정적이지 않다. 영국의 작가이자 평론가인 버지니아 울프(Virginia Woolf)는 이렇게 이야기한다.

셰익스피어의 여동생은 천부적 재능을 갖고 있음에도 불구하고 학교에 가지 못한다. 대신 오빠가 라틴어로 된 고전을 읽는 동안 양말을 꿰매거나 수프를 끓이는 등 집안일을 한다. 부모가 원치 않는 결혼을 강요하자 그녀는 집에서 도망쳐 런던으로 간다. 하지만 오빠처럼 배우가 되거나 연극작가가 되는 길은 열리지 않는다. 극장 주변을 배회하던 그녀는 겁탈을 당하고 원치 않는 임신으로 원치 않는 인생을 살다가 결국 스스로 목숨을 끊는다. 그녀의 재능은 세상 빛을 보지 못하고 길바닥에 매장당하고 만다.

버지니아 울프의 《자기만의 방》이라는 책에 나오는 가상의 이야기다. 그렇다면 여자 셰익스피어가 탄생하기 위해서는 어떻게 해야할까? 버지니아 울프는 다소 기발한 해법을 제시한다. 연간 500파운드의 수입과 자기만의 방이 있어야 한다는 것이다.

고정된 수입이 없기에 여자들은 끊임없이 다른 일을 해야 하고, 경제적으로 자유롭지 않아 창작에 몰두할 수 있는 혼자만의 방도 없다. 셰익스피어와 같은 재능이 꽃을 피우기 위해서는 독립된 공간, 즉 아무 간섭도 받지 않는 자기만의 방이 있어야 한다.

자기만의 방은 꿈을 써내려가는 공간이다. 문필가뿐만 아니라 모든 예술가들은 자기만의 방에서 창작 혼을 불태운다.《젊은 예술가의 초상》을 쓴 작가 제임스 조이스(James Joyce)에 따르면 그곳은 '영혼의 대장간'이다.

예술가들은 마치 창조주처럼 영혼의 대장간에서 아직 태어나지 않은 의식들을 벼려나간다. 이글이글 타오르는 불과 벌겋게 달궈진 쇠, 단단한 모루가 있는 곳, 영혼의 대장간은 아무도 들여다보지 않는 자기만의 공간이자 창작의 골방이다. 범접할 수 없는 지성소와도 같은 그곳에서 예술가들은 문을 걸어 잠근 채 치열한 담금질로 작품들을 빚어낸다.

그리스신화에서 불과 대장간의 신 헤파이스토스가 그랬다. 헤파이스토스가 창작의 골방인 영혼의 대장간으로 침잠해 들어간 것은 자신의 핸디캡 때문이었다. 다리를 저는 헤파이스토스는 몸의 장애뿐만 아니라 마음에도 상처가 많은 외로운 신이었다.

그에게 가장 큰 충격을 준 사건은 출생하자마자 기다렸다는 듯이 일어났다. 바로 자신을 낳아준 어머니 헤라에게서 버림을 받은 것이다. 헤파이스토스는 제우스와 헤라 사이에서 태어난 적자였지만, 그는 올림포스의 신들 가운데 가장 못생겼을 뿐 아니라 절름발이이기도 했다.

헤라는 그런 아들을 낳았다는 것을 창피하게 여긴 나머지 하늘에서 바다로 내던져 버렸고, 다행히 바다의 신 테티스와 요정 에우리노메가 구출해 몰래 데려다 키웠다. 그 뒤 헤파이스토스는 바다의 신 네레우스의 동굴에서 9년 동안 지내며 청동을 주조하는 법과 반지와 팔찌, 귀고리 등 장신구를 만드는 기술을 배웠다.

생모에게 버림받은 충격은 헤파이스토스를 어두운 동굴에 틀어박혀 대장장이 작업에만 몰두하게 만들었다. 그는 파도소리에 그리움을 씻고, 풀무의 불에다 분노를 녹이며 장인의 솜씨를 연마해갔다.

하지만 아무리 메질을 해도 모자간의 혈연은 끊어지는 것이 아니었다. 헤파이스토스는 올림포스로 올라가서 제우스와 헤라에게 자식으로 당당하게 인정받고 싶었다. 어머니를 생각하면 서운함과 분노 그리고 복수의 마음과 함께 끝도 없는 그리움이 일었다.

그런 그리움은 헤라에게 선사할 멋진 황금의자를 만들게 했다. 또한 버림받은 서운함은 그 의자에 눈에 띄지 않는 그물을 쳐놓게 만들었다. 그 그물은 얼마나 가늘고 정교하게 만들었는지 한 번 걸리면 만든 자인 헤파이스토스 외에는 아무도 풀 수가 없었다.

헤라는 까맣게 잊고 있었던 아들 헤파이스토스가 번쩍번쩍 빛나는 황금의자를 보내오자 뛸 듯이 기뻐하며 받았다. 그리고 여러 신들이 보는 앞에서 뽐내며 의자에 앉았다. 그 순간 그물이 위에서 덮쳐 그녀를 옴짝달싹 못하게 가둬버렸다. 신들이 달려와 그녀를 구하려고 애썼지만 도저히 풀 수가 없었다.

오직 헤파이스토스만이 풀 수 있다는 사실을 알게 된 신들은 바다 밑 그의 은신처로 찾아가 헤라에 대한 미움의 그물을 풀어달라고 간청했다. 하지만 헤파이스토스는 완강히 거부했다.

포도주의 신 디오니소스가 헤파이스토스에게 술을 먹여 취하게 한 뒤 올림포스로 데려왔고, 헤라는 아름다움과 사랑의 여신 아프로디테를 그의 아내로 주겠다는 약속을 하고 나서야 겨우 풀려날 수 있었다.

미움의 크기는 사랑의 크기

누구를 미워한다는 것은 그만큼 사랑한다는 뜻이기도 하다. 미움을 풀고 어머니와 화해한 헤파이스토스는 엄마를 뜨겁게 사랑하게 되었다. 헤파이스토스는 올림포스의 신들 가운데 가장 열렬한 헤라의 지지자가 되었다.

하지만 이 때문에 헤파이스토스는 또 한 번 몸과 마음에 깊은 상처를 받게 된다. 이번에는 아버지 제우스가 그에게 충격을 주었다. 한 번은 제우스와 헤라가 심하게 부부싸움을 했는데, 일설에 의하면 제우스가 밖에서 낳은 자식인 헤라클레스 문제로 다투었다고 한다. 부부싸움은 칼로 물 베기라지만, 이때는 서로 감정이 격해져서 제우스가 헤라에게 주먹을 휘두를 정도였다.

이를 본 헤파이스토스가 싸움을 말린답시고 주제넘게 나서서 엄마 편을 들었다. 그러자 분노가 폭발한 제우스는 미운 아들을 들어다 올림포스 밖으로 내동댕이쳤다. 헤파이스토스는 또 한 번 하늘에서 추락하는 신세가 되었다. 렘노스 섬에 떨어진 헤파이스토스는 섬 주민들이 보살펴줘서 목숨은 건졌지만, 그 후부터 그는 안 그래도 불편한 다리를 더욱 심하게 절게 되었다.

어머니에 이어 아버지에게도 버림을 받은 것은 헤파이스토스에게 깊은 상처로 남았다. 자라 보고 놀란 가슴 솥뚜껑 보고도 놀란다는 말처럼 한번 내동댕이쳐진 충격이 얼마나 컸던지 나중에 그는 다른 얘기를 하다가도 이 일을 언급하곤 했다. 호메로스의 〈일리아스〉를 보면 제우스와 헤라가 트로이전쟁을 놓고 말다툼할 때 헤파이스토스가 이런 말로 말린다.

"어머니, 꾹 참으세요. 저는 사랑하는 어머니가 제 앞에서 아버지에게 얻어맞는 꼴을 보고 싶지 않아요. 번개의 신이자 올림포스의 주인이신 아버지는 막강한 분이세요. 그러다가 우리를 내던져버리기라도 하면 어쩌시렵니까?”

그러면서 헤파이스토스는 자신의 아픈 기억을 떠올리며 고개를 절레절레 흔들었다.

“전에도 한 번 제가 어머니를 구해드리려고 했잖아요. 그때 그분께서 제 발을 잡고 하늘의 문 입구에서 내던졌어요. 저는 온종일 떨어지다가 해가 질 무렵 렘노스 섬에 닿았을 때는 숨이 거의 끊어지다시피 했어요.”

그때의 충격이 헤파이스토스의 가슴에 두고두고 지워지지 않는 트라우마를 새겨놓았다. 헤파이스토스는 상처투성이의 사나이다. 볼품없는 외모에다 장애를 갖고 있고, 부모에게 번갈아 버림을 받은 아픔을 갖고 있다.

하지만 그의 마음속 상처는 이것뿐만이 아니다. 몹시 박복하게도 그는 아내에게마저 배신을 당한다. 미의 여신 아프로디테는 추남인 남편으로는 성이 차지 않아 전쟁의 신 아레스와 불륜을 저지른다. 그러다 들켜서 온 천하의 구경거리가 된 유명한 간통사건은 앞서 이야기한 바 있다.

여기서는 호메로스의 〈오디세이아〉에 나오는 내용을 따라가보

자. 아레스와 아프로디테가 벌건 대낮에 불장난을 벌이는 것을 태양신 헬리오스가 보고 헤파이스토스에게 귀띔을 해줬다. 이에 헤파이스토스는 분을 억누르고 자신의 대장간에서 모루로 사슬을 벼리며 때를 기다렸다.

거미줄처럼 가느다란 사슬은 누구의 눈에도 띄지 않는 정교한 것이었다. 그는 그 사슬로 그물을 짜서 침대 주위에 설치해놓고는 다른 도시로 먼 길을 떠나는 체했다. 남편이 출타하고 집이 비어 있는 기회를 불륜 커플이 놓칠 리 없었다.

아레스와 아프로디테는 헤파이스토스가 쳐놓은 덫에 걸려들었다. 둘이 침대에 눕자마자 그물이 덮쳐 옴짝달싹할 수 없게 옭아맸다. 불륜 현장을 잡은 헤파이스토스는 노여움이 폭발해 큰소리로 외쳤다.

"아버지 제우스여! 모든 신들이여! 이리 와서 이 가소롭고 가증스러운 짓거리를 좀 보시오. 아프로디테는 내가 다리를 전다고 업신여기며 아레스와 민망한 짓을 저질렀소. 파렴치한 이들은 이제 동침하고 싶은 욕망이 사라졌겠지만, 올가미와 사슬은 이들을 계속 붙들고 있을 것이오."

이 소리를 듣고 올림포스의 남자 신들이 득달같이 몰려들어 벌거벗은 채 누워 있는 남녀를 부럽다는 듯이 쳐다보며 낄낄거렸다. 아폴론은 헤르메스에게 이런 농담까지 건넸다.

"그대는 아프로디테와 함께 잘 수 있다면 쇠사슬에 묶인다 해도 괜찮겠소?"

헤르메스의 대답은 한 술 더 떴다.

"그걸 말이라고 하시오? 나는 저보다 세 배나 많은 사슬들이 더 세게 옭아맨다 해도 아레스 대신 아프로디테 옆에 눕고 싶다오."

다른 신들이 모두 폭소를 터뜨렸는데 포세이돈만은 웃지 않았다. 그는 중재에 나서 헤파이스토스에게 적당한 보증금을 받고 풀어주라고 요청했다. 만약 아레스가 돈을 내지 않으면 자신이 대신 물어주겠다는 포세이돈의 말에 헤파이스토스는 더 이상 고집을 부릴 수 없었다.

그물에서 풀려나자 아프로디테는 곧바로 자신의 제단이 있는 키프로스 섬의 파포스 샘으로 가서 목욕을 하고는 처녀의 몸을 되찾아 돌아왔다.

정부와 놀아난 아내를 풀어줬다고 헤파이스토스의 마음까지 풀어진 건 아니었다. 설사 용서했다고 해도 상처는 남는 법이다. 그리스어로 헤파이스토스는 '화산'을 뜻한다. 영어로 화산을 가리키는 볼케이노(volcano)는 헤파이스토스의 로마식 이름인 불카누스(Vulcan)에서 온 낱말이다.

하늘에서 두 번이나 떨어진 그는 화산 불길이 하늘로 치솟았다

떨어지는 것을 연상시킨다. 화산의 신인 헤파이스토스의 가슴에는 늘 분노의 용암이 끓어오르고 있었다. 언제 폭발할지 모르는 그 용암은 그에게 창작의 열정을 불태우는 무한한 에너지원이기도 했다.

부모에게 버림받고, 아내에게 배신당하고, 다른 신들에게도 웃음거리가 된 헤파이스토스는 대장간에 틀어박혀 열심히 작품을 만드는 것으로 마음의 상처를 달랬다. 그에게 대장간은 모든 아픔과 슬픔, 외로움과 분노를 녹이는 영혼의 대장간이자 창작의 열정을 불태우는 자기만의 방이었다. 어둠이 짙으면 빛이 더 찬란하듯이 마음의 고통이 클수록 그의 재능은 더욱 빛을 발했다.

상처(Scar)는 별(Star)이 된다

손재주가 뛰어난 헤파이스토스는 과학과 기술, 공예와 조각, 발명의 신이기도 하다. 올림포스의 신들 가운데 그의 손재주에 혜택을 입지 않은 신은 드물다. 올림포스 궁전에 있는 신들의 방은 모두 헤파이스토스의 작품이다.

그의 작품들에서는 뛰어난 손재주뿐만 아니라 상상력도 빛이 난다. 그가 지은 한 궁전에는 네 개의 수도꼭지가 있었는데 각기 틀면 우유와 포도주, 더운물과 찬물이 흘러나왔다.

신과 영웅들의 무기와 장비도 대부분 헤파이스토스가 만든 것들이었다. 제우스의 벼락, 하데스의 보이지 않는 투구, 포세이돈의 삼지창이 바로 헤파이스토스의 작품이다. 아폴론과 아르테미스의 활과 화살, 아테나가 들고 다닌 무적의 아이기스 방패, 아가멤논의 지휘봉과 페르세우스의 철퇴, 헤라클레스의 갑옷과 방패도 그의 대장간에서 태어났다.

헤파이스토스가 만든 진기한 작품들 가운데는 첨단 디지털문명의 시대인 오늘날에 봐도 감탄을 자아내는 것들이 많다. 올림포스궁전의 자동으로 움직이는 식탁이 그 중 하나다.

이 식탁은 신들의 연회 때 혼자 굴러다니며 시중을 들다가 잔치가 끝나면 헤파이스토스의 작업장으로 돌아오곤 했다. 요즘으로 치면 무인 자동차나 원격조종 드론에 해당하는 셈이다.

헤파이스토스는 거동이 불편한 그를 돕는 로봇도 만들었다. 황금으로 된 두 명의 예쁜 소녀를 만들어 움직일 때 부축하거나 잔일에 시중을 들게 했다. 이 소녀들은 말도 할 줄 알았고, 알파고처럼 두뇌가 명석해 웬만한 일은 알아서 척척 처리했다.

무엇보다 헤파이스의 작품 가운데 가장 뛰어난 걸작은 '아름다운 재앙'이라 일컬어지는 판도라(Pandora)였다. 제우스는 자신의 대장간에서 불을 훔쳐 인간에게 가져다준 프로메테우스를 벌하기 위해 헤파이스토스에게 판도라를 만들도록 명했다. 헤파이스토스가 심

혈을 기울여 만든 판도라는 예쁜 외모와 고운 목소리를 갖고 있었으며 프로메테우스의 동생 에피메테우스를 사로잡아 결혼해 자식까지 낳았다.

문제는, 그녀가 갖고 온 상자로 인해 인류가 온갖 재앙에 시달리게 되었다는 것이다. 헤파이스토스의 최고 걸작인 판도라는 오늘날의 과학자들이 만들기를 꿈꾸는 완벽한 인조인간의 원조인 셈이다. 헤파이스토스는 과학문명이 발전한 오늘날과 비교해도 전혀 손색이 없는 천재적 발명가라고 할 수 있다.

'상처(Scar)는 별(Star)이 된다'는 말이 있다. 진주조개가 아린 상처를 진주로 빚어내듯이 삶의 모든 상처는 고난을 통해 보석으로 승화된다. 로마의 웅변가 키케로는 고난이 크면 영광도 크다고 했다. 상처가 크면 그것을 딛고 일어선 보람도 더욱 크다.

헤파이스토스의 빛나는 작품들은 그의 상처가 빚어낸 것이었다. 그에게 승리는 복수에 있는 게 아니라 그의 작품에 있었다. 침침한 대장간에서 외로이 자신과의 싸움을 하고 있을 때가 그에게는 생의 가장 빛나는 순간이었던 것이다.

〈물소리 지어내는 돌〉이라는 우화가 있다. 어떤 사람이 계곡에다 정자를 지었는데, 어느 날 정자에 누워 조잘조잘 흐르는 물소리를 듣자니 기가 막히게 아름다웠다. 그런데 문득 보니 계곡물 한 가운데 웬 돌덩이 하나가 버티고 서서 물살을 방해하고 있었다.

"옳거니, 저걸 치우면 물소리가 더 시원해지겠구나!"

그는 발을 걷고 들어가 끙끙거리며 돌덩이를 치워버렸다. 그 뒤로 계곡물은 아름다운 소리를 잃어버리고 말았다.

장애 없는 사람은 없다. 헤파이스토스처럼 겉으로 드러나든, 아니든 사람은 누구나 장애를 하나쯤은 갖고 있다. 삶에도 마음에도 관계에도 누구나 남모르는 아픔과 상처가 있어 가슴앓이를 한다.

내 인생의 커다란 걸림돌 같은 장애를 치워버리고 싶은가? 헤파이스토스는 그보다 더 무거운 돌덩이를 짊어지고도 묵묵히 자신의 길을 걸어나갔다. 훗날 내 인생이 아름답게 빛나는 것은 그 돌덩이 때문일지도 모른다.

내게 주어진 상처를 없애려 애쓰지 말고 자기만의 방으로 들어가라. 그곳에서 내 안에 억눌려 있던 열정을 꺼내어 활활 불사르라. 나의 모든 상처가 별이 되어 반짝이는 기적을 만나게 될 것이다.

인간, 신을 창조하다

Dio-
nysos

포도주의 신,
디오니소스

포도나무와 포도주의 신이자 풍요와 황홀경의 신. 잔인함과 즐거움이 공존하는 도취와 몰입의 신이
며 식물의 성장을 관장하는 존재이기도 하다. 로마신화의 바쿠스(Bacchus)에 해당하는 신이며 죽
었다 다시 살아난 부활의 신이기도 하다.

가슴에서 터져 나오는 불꽃의 언어들

한국문단의 원로인 고은 시인은 "요즘 시인들은 술을 잘 마시지 않는다. 그래서 좋은 시가 나오지 않는다"라고 말했다. 고은 시인에게 술은 영감의 원천이다. 술, 밥, 책이 세상에서 가장 맛있다는 그는 강연할 때는 먼저 소주 한 잔을 마신 뒤 시작한다고 한다. 그래야 입이 쫙 벌어져 자신이 갖고 있는 것 이상의 언어가 술술 튀어나오기 때문이다.

시도 그렇게 튀어나온다. 고은 시인에 따르면 시란 가슴에서 저절로 터져 나오는 심장의 뉴스다. 어느 문학잡지에 기고한 〈시의 벗들에게〉라는 글에서 그는 이렇게 얘기한다.

이제 시인들 가운데 술꾼이 현저하게 줄어들었다. 막말로, 최근의 시가 가슴에서 터져 나오지 않고 머리에서 짜여져 나오는 것도 술꾼이 줄어든 것과 무관하지 않다.

고은 시인에 따르면 시는 문학 장르가 아니라 가슴과 심장의 행위다. 그래서 모든 인간은 시인이고, 가장 위대한 시는 태어나서 최초로 터뜨리는 울음이라고도 얘기한다.

술의 신인 그리스신화의 디오니소스, 로마신화에서는 바쿠스가 태어나는 과정도 시의 탄생처럼 우리의 의표를 찌른다. 어머니의 배 속에서 꺼내진 그는 아버지의 허벅다리 속에 넣어져 달을 채운 뒤 태어난다. 세상 빛을 보지 못할 뻔한 그를 불쌍히 여긴 아버지가 가슴으로 품어 낳은 자식이 디오니소스다.

디오니소스라는 이름은 그리스어에서 '두 번 태어난 자', '어머니가 둘인 자'라는 뜻을 갖고 있다. 왜 그런 기이한 출생의 주인공이 되었는지, 사연은 이렇다.

디오니소스의 아버지는 신들의 왕인 제우스이고, 어머니는 인간인 세멜레다. 신과 인간이 결합하여 태어난 자식이니 우리로 치면 성골은 못 되고 진골쯤 되는 셈이다. 실제로 디오니소스는 올림포스의 12주신의 반열에 오르지 못하다가 나중에야 헤스티아 대신 그 자리를 차지한다.

디오니소스와는 반대로 그를 낳은 세멜레는 아버지가 테바이의 왕이자 인간인 카드모스이고, 어머니는 하르모니아 여신이다. 이처럼 포도주의 신 디오니소스의 혈통은 신의 피와 인간의 피가 칵테일처럼 뒤섞여 있다.

테바이의 공주 세멜레는 여신이 낳은 딸답게 눈부시게 아름다웠다. 그런 세멜레를 바람둥이 제우스가 그냥 놔둘 리 없었다. 인간의 모습으로 변신한 제우스는 한밤중에 세멜레의 방에 몰래 들어가 사랑을 나눴다.

매일 밤 창을 넘어 들어오는 사내와 정을 통하다 보니 세멜레는 곧바로 디오니소스를 잉태했다. 이를 눈치챈 제우스의 정실부인 헤라는 질투심에 불타올라 무서운 계략을 꾸몄다. 헤라는 세멜레가 가장 의지하는 늙은 유모로 변신한 뒤 그녀에게 다가가 한숨을 내쉬며 말했다.

"아씨의 방을 드나드는 그분이 정말로 제우스라면 얼마나 좋겠어요. 그래도 이 할멈은 걱정이 되는군요. 소문을 들으니 요즘 많은 사내들이 신의 행세를 하며 처녀의 방을 기웃거린답니다. 그분을 만나면 반드시 제우스라는 증거를 보여달라고 하세요. 아내인 헤라를 대할 때와 똑같은 모습을 보여달라고 말이에요."

귀가 얇은 세멜레는 제우스를 만나 헤라의 꼬임대로 자기를 진정으로 사랑한다면 소원을 들어달라고 졸랐다. 예쁜 애인의 애원에 마음이 녹은 제우스는 저승의 스틱스 강에다 걸고 무엇이든지 들어주겠노라고 약속했다.

그런데 아뿔싸, 본모습을 보여달라는 세멜레의 소원을 듣자마자 제우스는 후회로 가슴을 쳤다. 스틱스 강에 맹세하면 신들도 돌이킬 수 없었기 때문이었다.

근심을 잔뜩 안고 하늘로 올라간 제우스는 휘황찬란한 광채를 최대한 가린 가벼운 옷차림을 하고 다시 세멜레를 찾아갔다. 그러나 태양을 정면으로 쳐다보면 눈이 멀듯이 번개와 화염이 번뜩이는 제우스의 본모습을 본 세멜레는 바로 새카맣게 타죽고 말았다.

검은 숯으로 변한 애인의 시신을 안타까이 끌어안은 제우스는 배 속에 들어 있던 아이를 꺼냈다. 그리고 자신의 허벅다리에 넣은 뒤 실로 기웠다. 6개월째 태아였던 디오니소스는 석 달을 더 채운 뒤 아버지의 허벅다리를 뚫고 세상에 태어났다.

술, 그리고 잔인한 광기

세멜레가 새카맣게 타 죽은 것처럼, 땅의 티끌 같은 존재인 인간이 지고한 존재인 신의 광휘를 직접 보면 바로 잿더미로 변할 수밖에 없다. 성경의 〈요한계시록〉에도 환상 중에 해처럼 빛나는 예수 그리스도의 광채를 본 사도 요한은 바로 엎드러져 죽은 자처럼 되었다고 적고 있다.

그뿐만 아니라 구약시대의 선지자 이사야도 여호와의 영광을 접하자 '화로다, 나여. 망하게 되었도다!' 하며 두려움에 떨었다. 모세가 기록한 〈출애굽기〉는 '하나님의 얼굴을 보고는 살 자가 없다'고 말하고 있다. 부정한 인간은 거룩한 존재인 신의 얼굴을 감히 볼 수 없다는 의미다.

그래서 신과 만나는 신비 체험을 한 사람들은 공포와 경외감에 사로잡혀 부들부들 떨게 된다. 이런 압도적인 존재와 맞닥뜨리는 체험을 독일 철학자 R.오토는 '누미노제(Numinose)'라고 일컬었다.

누미노제는 무서운 신비체험이지만 꼭 두려움만 있는 것은 아니다. 절대자와 대면하는 죽음과도 같은 공포를 지나면 초월적 경지를 엿보는 황홀함도 느끼게 된다.

그래서 누미노제는 두렵지만 매혹적인 체험이다. 모태의 죽음을 거쳐 탄생한 술과 황홀경의 신 디오니소스의 경우도 누미노제로 설명이 가능하다. 누미노제 체험이 종교나 신앙으로 이어지듯이 나중에 디오니소스가 종교를 개창하는 것도 우연의 일치만은 아니다.

생모 세멜레의 참혹한 죽음 속에서 탄생한 탓인지 디오니소스가 가는 곳에는 늘 잔인한 광기가 그림자처럼 따라다닌다. 제우스는 갓 태어난 디오니소스를 세멜레의 언니인 이노 부부에게 맡겼다. 복수심에 불타는 헤라가 또 무슨 일을 저지를지 몰랐기 때문이다.

하지만 디오니소스는 파멸의 비극이 쫓아다니는 신이었다. 헤라가 그들 부부를 미치게 만들자, 이노의 남편은 아들을 사슴으로 착각해서 활로 쏴 죽이고, 이노는 그 아들을 끓는 물에 넣어 죽였다.

실성한 이노 부부가 디오니소스마저 죽이려 하자 제우스는 그를 황급히 산양으로 둔갑시켜 아시아의 니사 산으로 데려가 요정에게 맡겨 키우게 했다. 디오니소스라는 이름이 '니사의 제우스'라는 뜻도 갖고 있는 건 이 때문이다.

디오니소스는 요정의 젖을 먹으며 니사 산의 동굴에서 무럭무럭 자랐다. 그리고 그곳에서 스승인 실레노스로부터 자연의 비밀과 포도주 담그는 법을 배웠다. 실레노스는 반인반마의 사티로스로서 디오니소스 신화에서는 늙고 뚱뚱한 몸을 갖고 늘 술에 취해 비틀거리는 모습으로 나온다.

하지만 헤라의 복수는 집요해서 이번에는 디오니소스가 미치게 만들었다. 실성한 디오니소스는 온 세상을 떠돌아다녔다. 이집트와 시리아 지방을 방랑하다 소아시아의 프리기아 지방에 이르렀을 때 디오니소스는 제정신으로 돌아왔다. 제우스와 헤라의 어머니인 레아 여신이 고쳐준 덕분이었다.

디오니소스는 레아 여신에게 병 고침뿐만 아니라 비밀스러운 제사 의식까지 전수받았다. 훗날 디오니소스 축제 때 그의 신도들이 사슴 가죽을 입고 춤추며 돌아다니는 것은 레아의 가르침에 따른 것이다.

'마이나데스'라 불리는 디오니소스교의 여신도들은 술을 마신 채 타악기들을 연주하면서 흥겨운 춤을 추며 황홀경에 빠져들곤 했다. 또 이들은 의식이 절정에 도달하면 흥분하여 짐승을 잡아 찢어 죽이고는 그 살과 피를 날로 먹기도 했다.

그 뒤 디오니소스는 방랑을 계속하여 인도까지 가서 포도재배법과 포도주 담그는 법을 가르치고, 자신의 종교를 전파하기도 했다. 그러나 술의 신인 그가 가는 곳에는 늘 정신착란과 광기가 뒤따랐다.

　디오니소스를 박해한 뒤 미쳐버린 리쿠르고스 왕은 도끼로 아들을 쳐 죽이고도 포도나무를 자르고 있다고 착각했다. 그런가 하면 아르고스 왕국의 프로이토스 왕과 오르코메노스 왕국의 미니아스 왕의 딸들은 광란 상태에서 자기 아들들을 갈기갈기 찢어 죽이기도 했다.
　디오니소스가 방황을 마치고 고향 테바이로 돌아갔을 때, 그곳의 왕이던 펜테우스도 마찬가지로 끔찍한 비극의 주인공이 되었다. 괴상한 차림을 하고 광란의 춤을 추고 다니는 디오니소스 신도들을 군주들은 달가워하지 않았다. 그들의 무질서와 광기에 자신들의 통치가 흔들리는 것을 원치 않았기 때문이다.

　테바이의 왕 펜테우스도 그런 군주 중 하나였다. 디오니소스가 돌아왔다는 소문이 퍼지자 테바이 시민들은 모두 뛰쳐나와 춤추며 환영했다. 특히 여자들은 더욱 열렬히 그를 반겼다. 그러나 펜테우스 왕은 디오니소스 신봉자들을 비웃으며 배척했다.
　"백성들이 어쩌다가 이렇게 미치광이가 되었는가? 구역질 나는 광신자들의 속임수와 마술에 놀아나는구나. 어서 가서 저들의 우두머리를 잡아와라. 자신이 신이라며 미친 짓을 벌이고 다니는 게 새

빨간 사기극임을 만천하에 밝히고 말 것이다!"

펜테우스는 부하들에게 당장 디오니소스를 잡아오라고 명령했다. 하지만 디오니소스의 신도들이 막아서는 바람에 포로 한 명만 붙잡아 돌아올 수 있었다. 그 포로는 뱃사람으로 일할 때 동료 선원들을 모두 돌고래로 변신하게 만든 디오니소스의 신비한 능력을 체험한 것을 이야기했다.

그러나 이런 증언도 신을 믿지 않는 펜테우스에게는 허무맹랑한 이야기로 들릴 뿐이었다. 심지어 포로를 옥에 가둔 병졸들이 처형 도구를 준비하는 사이에, 감옥 문이 저절로 열리고 포로의 몸을 묶고 있던 사슬이 풀리며 모두 달아나는 기적도 일어났다. 그래도 펜테우스는 완강히 디오니소스 교를 배척했다.

마침내 펜테우스는 부하를 보내는 대신, 자신이 직접 디오니소스 교도들이 제례를 올리는 키타이론 산에 가보기로 마음먹었다. 제례 장소에 이르자 의식은 절정에 이르러 신도들의 노랫소리와 부르짖음 소리가 하늘과 땅을 울리고 있었다.

펜테우스는 분노에 치밀어 제단을 향해 다가갔다. 이때 맨 먼저 펜테우스를 알아보고 미친 듯이 달려와 지팡이를 휘두른 사람은 놀랍게도 그의 어머니였다. 그녀는 아들을 지팡이로 두들기며 이렇게 외쳤다.

"봐라, 여기 멧돼지 한 마리가 있다. 이 커다란 괴물이 우리 밭을 들쑤셔 놓았다. 다들 어서 와서 때려잡자!"

이 소리에 광란의 소동을 벌이고 있던 무리가 우르르 달려와 펜테우스를 마구 짓밟기 시작했다. 기겁을 한 펜테우스가 용서해달라고 싹싹 빌었지만 소용없었다. 무리 속에 있던 그의 이모 둘이 양쪽에서 그를 잡아당기는 바람에 사지가 갈가리 찢기고 머리가 터진 채 처참하게 죽고 말았다. 그런데도 펜테우스의 어머니는 이렇게 외쳤다.

"이겼다! 우리가 승리했다! 이 영광은 우리의 것이다!"

이런 사건이 있고 나서, 테바이의 여자들은 무리지어 새로운 종교의식을 받아들였고 앞다퉈 제단에 향을 피워 디오니소스 신을 섬겼다.

인생의 새날을 여는 초침 소리

포도주의 신 디오니소스와 관련한 종교에는 이렇게 광기와 폭력이 그림자처럼 따라다닌다. 정신착란으로 부모가 자식을 찢어 죽이는가 하면, 미친 듯이 춤을 추며 흥분한 상태에서 잔인한 행동을 저지르는 것도 예사였다.

펜테우스의 비극에서 보듯이 이성으로는 납득도 통제도 안되는 것이 술의 세계다. 디오니소스 신앙이 교리보다는 종교의식을 중시하고 이성보다는 감성을 앞세우며, 합리성보다는 신비주의에 뿌리를 두고 있는 것도 같은 맥락이라고 할 수 있다.

인간은 이성으로만 행동하는 게 아니라 본능에 의해서도 움직인다. 아폴론적인 이성만 앞세우는 삶은 딱딱해지기 십상이다. 삶에는 때로 디오니소스적인 감정의 분출과 일탈도 필요하다.

규범과 논리로 꽉 짜인 현실에서 탈출하고픈 해방 욕구가 들 때 찾게 되는 것이 술의 힘이다. 술은 그렇게 일시적이나마 초월적이고 황홀한 체험을 가져다준다. 포도주의 신이자 축제와 도취의 신인 디오니소스가 왜 가는 곳마다 추종자들로부터 열렬한 환영을 받는지 설명해준다.

술에 의해 정신이 고양되어 있는 상태는 종교적 몰입의 경지와도 통한다. 흥미롭게도 술 취한 사람과 도를 깨친 사람은 비슷한 점이 많다. 저 혼자 즐거워하며, 뜬금없이 춤추며 노래를 부르기도 한다. 아르키메데스가 목욕탕에서 부력의 원리를 깨닫고 '유레카(eureka)'를 외치며 알몸으로 거리에 뛰쳐나간 것과 비슷하다.

또한 근심 걱정은 딴 세상이야기이고, 겁을 상실해 누구를 만나도 거침이 없다. 그들은 심지어 죽음마저도 두려워하지 않는다. 그리고 술 취한 사람이나 깨달은 도인은 뜬구름처럼 종잡을 수 없는 말들을 한다. 디오니소스 숭배자들이 딱 그런 모습이다.

술의 신 디오니소스가 가져다주는 흥분과 해방감은 자기 자식도 몰라볼 정도로 마력적이다. 디오니소스 교도들은 그 황홀경을 맛보기 위해 세상을 등진 채 술을 마시고 탈진할 때까지 노래하며 춤을 춘다.

종교 수행자들도 그런 해탈과 망아의 경지에 들기 위해 쉼 없이 수련하며 자기 몸을 학대하기까지 한다. 종교로 들어가는 관문이라 할 누미노제 현상에서 보듯이 죽음의 과정을 통과해야 비로소 신비로운 신세계가 열린다. 죽음 속에서 꺼내진 디오니소스의 탄생 과정이 그것을 암시해준다.

디오니소스적인 초탈의 경지에 들기 위해 꼭 술을 마셔야 하는 건 아니다. 요즘 시인은 술을 마시지 않는다고 했던 고은 시인도 나중에 '지금은 술보다 책에 취해 지낸다. 책이 더 좋아 술 먹을 시간이 아깝다. 서점에 가면 황홀하다'고 말했다.

취하기 위해 꼭 알코올이 필요한 건 아니다. 굳이 술을 마시지 않아도 무엇엔가 도취되어 있으면 시는 저절로 터져 나온다. 시는 쓰는 게 아니라 그냥 써지는 것이다. 흥겨우면 어깨를 들썩이며 저절로 춤을 추게 되는 것처럼 가슴에서 저절로 터져 나오는 것이 시다.

프랑스 시인 폴 발레리(Paul Valéry)는 시와 산문의 차이를 춤과 걸음에 비유한 적이 있다. 걸음은 어떤 목표에 도달해야만 의미가 있지만 춤은 움직임 그 자체를 즐긴다는 것이다. 산문은 어떤 의도를 향해 뚜벅뚜벅 걸어가지만, 시는 그저 마음 내키는 대로 춤추듯 노닌다. 그 자유분방한 무중력의 세계는 디오니소스의 세계이기도 하다.

삶이 춤이 되는 디오니소스의 황홀을 맛보고 싶은가? 아폴론의 머리로 짜놓은 꽉 찬 시간표부터 지워라. 쿵쾅거리는 심장박동 소리가 그대 인생의 새날을 여는 초침 소리다.

2

인간, 영웅을 창조하다

인간, 영웅을 창조하다

The-
seus

아테네의 왕,
테세우스

헤라클레스에 비견되는 아테네 최고의 영웅이자 왕. 아테네의 왕 아이게우스와 트로이젠 왕의 딸
아이트라 사이에 태어나 어머니 밑에서 자랐다. 성인이 되어 아버지를 찾으러 아테네로 가는 와중
에 수많은 위험에 놓이지만, 이를 잘 극복하고 왕위 계승자가 된다.

누구에게나 출생의 비밀은 있다

호랑이를 그리려다 고양이를 그렸다는 말이 있다. 거창한 일을 꿈꿨지만 초라한 결과를 얻었다는 뜻이다. 뜻대로 안 되는 것은 우리 인생에서 흔한 일이다. 그런데 이보다 더 심각한 것은 호랑이로 태어났는데 고양이로 인생을 살아가는 것이다.

백수의 왕임에도 자신이 고양이인 줄 알고 나약하게 쫓기며 살아간다면 기가 막힌 일이다. 〈미운 오리새끼〉라는 동화가 생각난다. 백조로 태어났는데 자신이 미운 오리인 줄 알고 평생을 하찮게 살아가는 사람들이 의외로 많다. 자신의 핏속에 어떤 DNA가 흐르는지 모른 채 뒤바뀐 운명을 살아가는 것이다.

영웅은 자신의 출생의 비밀을 깨달은 사람들이다. 그래서 그들은 때가 되면 자신의 처한 환경에서 떨쳐 나와 연어처럼 본래의 DNA를 찾아간다. 신화에서 이는 '아버지 찾기'라는 형태로 나타난다.

그리스신화에서 아테네의 영웅 테세우스가 그랬고, 우리 신화에서는 고구려의 유리왕이 그랬다. 그리스의 역사가 헤로도토스(Herodotos)의 《역사》를 보면 페르시아제국의 아버지라 일컬어지는 키루스 왕도 마찬가지다. 먼저 키루스의 얘기부터 간략하게 살펴보자.

메디아의 왕 아스티아게스가 어느 날 해괴한 꿈을 꾸었다. 그에게 만다네라는 딸이 있었는데, 딸이 오줌을 누자 온 세상이 물에 잠기는 꿈이었다. 사제들에게 물어보니, 딸이 아이를 낳으면 왕이 되어 온 세상을 지배할 것이라는 해몽이었다. 왕위를 손자에게 빼앗길까 두려워한 아스티아게스는 딸을 주변국 페르시아의 하잘것없는 집안에 시집을 보냈다.

얼마 뒤 딸이 임신하자 아스티아게스는 또 꿈을 꾸었다. 이번에는 딸의 사타구니에서 포도나무가 뻗어 나오더니 온 세상을 뒤덮는 꿈이었다. 겁에 질린 아스티아게스는 신하를 시켜 갓난아기를 죽이라고 명령했다.

그러나 신하는 아기가 불쌍해서 외딴 곳의 소치기 부부에게 맡겼다. 소치기 부부는 아기를 자신들의 친아들로 삼아 정성껏 길렀다. 하지만 소치기의 아들로 자랐어도 그 아이에게는 제왕의 피가 흐르고 있었다. 자라면서 그는 점차 왕의 DNA를 드러냈다.

어느 날 그 아이가 친구들과 임금놀이를 하다가 명령을 어긴 귀족의 아들을 엄히 매질했다. 그 아이가 아버지에게 일러바친 탓에 아이는 왕 앞에 불려갔고, 아스티아게스 왕은 한눈에 아이가 자신의 외손자임을 알아보았다.

마침내 출생의 비밀이 밝혀진 그 아이 키루스는 친부모에게 돌아갔고, 이때부터 본격적으로 페르시아제국을 건설한 영웅의 길에 들어선다. 천하를 호령한 페르시아 대왕이 하마터면 소치기가 되어 평범하게 일생을 마칠 뻔했던 것이다.

고구려 유리왕과 아테네 테세우스

고구려의 시조 주몽의 아들 유리왕도 비슷한 과정을 거친다. 주몽은 부여에서 아내 예씨를 얻어 잉태시켰다. 그리고 부여인들의 위협에 쫓겨 배가 부른 아내를 남겨둔 채 남쪽으로 탈출한다. 주몽의 피를 이어받은 유리는 어려서부터 활쏘기에 능했다. 하루는 유리가 동네 아낙이 이고 가는 물동이에 활을 쏘아 구멍을 냈다.

"아비 없는 자식이라 하는 짓이 형편없구나."

아낙의 꾸지람에 부끄러워진 유리는 집에 돌아와 어머니에게 물었다.

"제 아버지는 누구이며, 지금 어디 계십니까?"

예씨 부인은 아들에게 출생의 비밀을 알려주었다.

"너의 아버지는 천제의 손자이고, 하백의 외손이시다. 부여의 신하가 되는 것을 싫어해서 남쪽으로 내려가 나라를 세우셨다."

"아버지는 임금이신데 아들인 제가 어찌 남의 신하 노릇이나 하고 있겠습니까?"

유리가 아버지를 찾아가겠다고 하자 예씨 부인은 또 다른 비밀을 알려주었다.

"네 아버지가 떠나면서 남긴 말이 있다. 아들을 낳거든 이렇게 일러주라고 하셨다. 즉 '일곱 모가 난 돌 위의 소나무 밑에 숨겨놓은 것이 있으니 내 아들이라면 능히 이것을 찾아내어 내게 들고 올 것'이라고 하셨다."

유리가 온 산골짜기를 뒤졌지만 찾지 못하다가 어느 날 집 마루에 앉아 쉬고 있을 때 기둥에서 이상한 소리를 들었다. 가서 살펴보니 주춧돌 위에 소나무 기둥이 서 있었고, 돌의 모서리가 일곱이었다.

결국 유리는 그 밑의 구멍에 감춰진 칼 반 조각을 찾아내 그것을 들고 아버지 주몽을 찾아갔다. 주몽이 자신이 갖고 있던 칼 반 조각과 맞추니 신기하게도 피가 흐르면서 한 자루의 칼로 합쳐졌다. 주몽은 유리를 아들로 인정하고 태자로 삼았다. 유리는 아버지 주몽에 이어 고구려의 두 번째 왕이 된다. 유리가 왕이라는 자신의 원래 운명을 찾게 된 것이다.

아버지가 감춰둔 칼을 찾아들고 길을 떠나는 유리왕 이야기는 그리스신화의 테세우스 이야기와 놀랍도록 닮았다. 테세우스도 유리왕처럼 어머니의 배 속에 있을 때 생부와 이별한다. 테세우스의 아버지는 아테네의 왕 아이게우스였다.

아이게우스는 결혼을 두 번이나 했지만 아들이 없었다. 왕위를 이을 아들이 없다는 것은 왕으로서의 지위도 위태롭다는 뜻이다. 고민 끝에 아이게우스는 델포이의 신탁소를 찾아 어떻게 하면 아들을 얻을 수 있을지 물었다. 여사제가 전해준 신탁은 알쏭달쏭했다.

"아테네에 도착할 때까지 절대 포도주 가죽부대의 주둥이를 풀지 말라!"

아이게우스는 집으로 돌아가는 길에 트로이젠에 들렀다. 그곳의 왕 피테우스가 현명하기로 소문이 나 있어서 신탁의 의미를 묻고 싶었기 때문이다. 피테우스는 포도주 가죽부대가 남자의 성기를 가리키며, 술 취해 여자와 동침하지 말라는 것이 신탁의 의미임을 바로 알아챘다.

그러나 피테우스는 이를 아이게우스에게 알리지 않고 자꾸 술을 권해 만취하게 만들었다. 그리고 딸 아이트라를 그의 방에 들여보내 동침시켰다. 자신의 후손을 아테네의 왕으로 만들고 싶었기 때문이다.

이튿날 술에서 깬 아이게우스는 옆에 알몸으로 누워 있는 아이트라를 보고 소스라치게 놀랐다. 취중에 남의 나라 공주를 건드려 임신시킨 것을 알아차린 그는 서둘러 귀국길에 올랐다.

떠나면서 아이게우스는 아이트라를 큰 바위 아래로 데리고 갔다.

그리고 장정 서넛이 들어도 들지 못할 바위를 번쩍 들어 올리고는 그 밑에다 자신의 칼과 샌들을 감춰놓았다. 바위를 다시 덮고서 아이게우스가 공주에게 말했다.

"아들이 태어나고 나중에 제 아버지가 누구인지 궁금해하면 내게로 보내시오. 이 바위 밑에 내 아들임을 알아볼 물건들을 감추어 두었소. 내 아들이라면 능히 이 바위를 들어 올리고 그것들을 찾아낼 것이오."

아이트라는 아들을 낳았고, 이름을 테세우스라고 지었다. 테세우스는 '묻혀 있는 보물'이라는 뜻을 가진 테사우로스에서 나온 말로, 이름에도 그의 출생의 비밀이 담겨 있는 셈이다.

내가 모르고 있는 나의 원래 DNA

아버지 없이 자랐지만 테세우스에게는 영웅의 피가 흐르고 있었다. 테세우스가 일곱 살 때의 일이다. 트로이젠 궁전을 방문한 헤라클레스가 자신이 쓰고 있던 사자 가죽을 옆에 내려놓자 다른 아이들은 살아 있는 사자인 줄 알고 다들 기겁하며 도망쳤다.

그러나 테세우스는 옆에 있던 하인의 칼을 뽑아들고 용감하게 사자에게 덤벼들었다. 이 모습이 헤라클레스의 눈에 쏙 들어왔다. 이후 헤라클레스와 테세우스는 나이 차이가 많이 나는데도 불구하고 친구처럼 지내게 되었다.

　당시 헤라클레스는 여러 나라를 떠돌며 도둑과 강도를 물리치며 숱한 난관을 돌파하고 다녔다. 헤라클레스에게 들은 무용담은 어린 테세우스의 가슴을 흔들었고, 훗날 그도 같은 모험의 길을 떠나는 계기가 된다. 테세우스가 열여섯 살이 되자, 아버지에 대한 궁금증이 고개를 들었다.

　"나의 아버지는 누구이고, 나는 누구인가. 다들 아버지가 있는데 왜 나는 아버지 없이 홀로 자랐는가?"

　어머니가 그런 테세우스를 큰 바위 아래로 데리고 갔다. 그리고 그동안 쉬쉬 해왔던 출생의 비밀을 들려주었다.

　"너의 아버지는 아테네의 왕 아이게우스다. 네가 배 속에 있을 때 나와 헤어지면서 이 바위 밑에다 증표들을 감춰놓았다. 네가 아버지를 찾아가고 싶으면 먼저 네가 그분의 아들이라는 증표들을 찾아야 한다."

　청년이 된 테세우스는 거뜬히 바위를 들어올려 16년 전 아버지가 감춰두었던 칼과 샌들을 찾아냈다. 그리고 아버지 주몽을 찾아 길을 떠나는 유리처럼 테세우스 또한 아버지의 나라 아테네를 향해 모험의 여정을 떠난다.

　영웅이 영웅의 길로 들어서는 첫걸음은 '나는 누구인가'라는 정체성에 대한 물음에서부터 시작한다. 고양이들 틈에 섞여 지내던 호랑이가 자기 속에서 포효하는 야성에 눈을 뜨게 되는 것이다.

자기가 호랑이라는 사실을 깨달은 자는 더 이상 고양이로 살지 않는다. 고양이의 무리에서 분연히 떨쳐 나와 자신의 원래 무대인 산속으로 돌아간다. 핏줄이 부르는 대로 아버지를 찾아 길을 떠나는 것이다.

하지만 영웅이 가는 길은 꽃길이 아니라 가시밭길이다. 테세우스는 편안한 뱃길이 아니라 험난한 육로를 택해 아테네로 떠났다. 당시 육로에는 도둑과 강도가 들끓는 등 온갖 위험이 도사리고 있었다.

이를 걱정한 외할아버지 피테우스와 어머니는 안전한 뱃길을 권했지만, 영웅 헤라클레스의 무용담에 고무되어 있던 테세우스는 기백이 하늘을 찌를 듯했다.

"편안한 뱃길로 가는 것은 아버지를 욕되게 하는 것입니다. 그분이 주신 이 칼과 샌들에 피 한 방울 묻히지 않고서야 어찌 그분의 아들이라 하겠습니까?"

테세우스는 험한 육로를 따라가며 숱한 도둑과 악당들을 물리친 끝에 아테네에 당도했다. 그가 처치한 자 중에 가장 악명 높은 자는 프로크루스테스라는 악당이었다. 그는 강가에 집을 짓고 살면서 길 가는 나그네들을 꾀어 하룻밤 묵게 한 뒤 잡아 죽였다.

그의 집에는 철침대가 있었는데, 나그네가 그 위에 누워 잠들면 몰래 다가와 침대와 그의 키를 비교했다. 그리고 나그네의 키가 침대보다 길면 몸을 잘라서 죽이고, 침대보다 짧으면 몸을 늘여서 죽였다.

'프로크루스테스의 침대'라는 유명한 말은 여기서 유래했다. 자기가 정한 일방적 기준에 맞춰 남의 생각을 뜯어고치려는 독선과 횡포를 가리킨다.

하지만 테세우스는 악당이 정해 놓은 틀에 매일 리가 없었다. 그는 프로크루스테스를 붙잡아 그의 침대에 묶어놓고는 똑같은 방법으로 처치해버렸다.

영웅은 남들이 정해놓은 틀을 깨고 자신만의 길을 간다. 남의 생각에 맞춰 맹목적으로 움직이지 않는다. 오히려 영웅은 자신의 생각에 맞춰 세상을 바꿔버린다. 세상에 끌려가는 게 아니라 세상을 끌고 가는 것이다. 그 점에서 테세우스가 프로크루스테스를 처치했다는 건 대단히 상징적이다.

사람은 자기 생각으로 사는 게 아니라 남의 생각으로 산다고 한다. 내 생각이라고 믿는 것들의 대부분은 세상이 내 머릿속에 심어놓은 남의 생각이라는 것이다. 내가 나라고 생각하는 것들도 실은 남의 생각일 수 있다.

내가 누구인지를 모르고 남들이 정해준 것을 나인 줄로 알고 살아가는 경우가 많다. 그래서 호랑이로 태어난 자가 자신이 고양이인 줄로 생각하고 '어흥' 소리 대신 '야옹' 소리를 내며 살아가기도 한다. 영웅은 그 출생의 비밀을 깨달은 자들이다.

누구에게나 출생의 비밀은 있게 마련이다. 뒤바뀐 운명은 키루스나 유리왕에게만 주어진 게 아니다. 내가 모르고 있는 나의 원래 DNA는 무엇인가. 테세우스는 먼 신화 속의 인물이 아니다. '묻혀 있는 보물'을 찾아들고 편안한 길보다 모험의 길을 떠나는 자, 그가 바로 이 시대의 테세우스이고 영웅이다.

인간, 영웅을 창조하다

힘과 용기의 화신,
헤라클레스

그리스신화 최고 영웅으로 제우스와 알크메네 사이에서 태어난 아들. 헤라 여신의 박해를 받으면서도 용맹과 지혜를 갖춘 인물로 성장하여 인간으로서는 도저히 불가능한 수많은 위업을 세워 올림포스 신들의 반열에 올랐다.

고난, 영웅의 크기를 재는 잣대

인물에도 큰 인물과 작은 인물이 있듯이 영웅도 저마다 크고 작은 차이가 있다. 인물의 크기는 대개 업적으로 잰다. 그러면 영웅은 무엇으로 크기를 잴까. 남들에게는 없는 비범한 능력일까, 아니면 누구도 이루지 못한 탁월한 성취일까.

능력과 성취는 영웅의 필요조건일지 몰라도 충분조건은 아니다. 능력이 대단하지 않아도, 성취가 보잘것없어도, 영웅으로 인정받는 이들이 있다. 의외일지 몰라도 영웅의 크기는 고난이 말해준다.

로마의 웅변가 키케로는 "고난이 크면 영광도 크다"라고 말했다. 고난이 클수록 영광도 더욱 빛을 발한다. 마찬가지로 영웅도 고난이 클수록 그가 누리는 영광도 크다. 위대한 영웅들은 남들이 감내하기 힘든 역경과 큰 고난을 겪는다. 북은 크게 두드릴수록 큰 소리를 내는 법이다. 고난이 크다는 것은 그가 그만큼 큰 그릇의 영웅이라는 사실을 의미한다. 그리스신화에서 최고 영웅으로 꼽히는 헤라클레스가 이를 보여준다.

헤라클레스는 피와 땀과 눈물로 빚어진 영웅이다. 그는 태어나면서부터 신의 저주를 받아 평생을 고난과 함께 하며 인간으로서 불가능한 '12가지 과업'을 완수해 마침내 신의 반열에까지 오른다. 헤라클레스가 사람들에게 감동을 주는 것은 그가 누린 영광이 아니라 그가 겪은 고난 때문이다.

헤라클레스는 끝없는 시련과 좌절, 고통이 있었기에 많은 사람들에게 박수를 받는 영웅으로 우뚝 설 수 있었다. 헤라클레스가 전쟁에 능하고 힘이 장사였다는 것은 그의 영광을 장식하는 액세서리에 지나지 않는다. 그의 영웅 스토리에서 눈여겨봐야 할 것은 빛나는 성취와 능력이 아니라 피눈물어린 고통과 탄식이다.

헤라클레스라는 이름은 '헤라의 영광'이라는 뜻이다. 헤라는 제우스의 아내로, 신들의 궁전인 올림포스의 여주인이다. 그 헤라에게 헤라클레스가 영광이 된 것은 아이로니컬하게도 그녀가 내린 은택 때문이 아니라 핍박 때문이었다. 헤라가 헤라클레스를 박해한 이유는 간단하다. 헤라클레스가 자신이 낳지 않은 제우스의 씨였기 때문이다.

헤라클레스는 테바이의 장군 암피트리온의 아내 알크메네가 낳은 아들이다. 제우스는 유부녀인 알크메네와 잠자리를 갖기 위해 온갖 꾀를 부리다 암피트리온이 전쟁에 나간 틈을 노려 그의 모습으로 변신해서 알크메네에게 다가갔다.

제우스는 진짜 암피트리온인 양 전리품을 선물로 주고 전쟁터의 무용담도 들려줬다. 그리고 영웅을 잉태시키기 위해 하룻밤을 세 배로 늘이며 알크메네와 기나긴 사랑을 나눴다. 아무것도 모르는 알크메네는 다음 날 전쟁터에서 돌아온 남편과 다시 사랑을 나눴고, 쌍둥이를 임신해서 헤라클레스와 그의 동생 이피클레스를 낳았다.

쌍둥이 중에 누가 제우스의 씨인지 드러나는 데는 오래 걸리지 않았다. 질투의 화신인 헤라가 헤라클레스를 죽이려고 생후 8개월밖에 안 된 쌍둥이의 방으로 뱀 두 마리를 들여보냈기 때문이다.

어른 팔뚝만 한 뱀이 달려들자 동생 이피클레스는 무서워서 울음을 터뜨렸지만, 제우스의 피가 흐르는 헤라클레스는 뱀 두 마리를 양손에 움켜쥐고 목을 졸라 죽여버렸다. 돌도 채 안 지난 아기가 한 일이라고 믿기 어려운 괴력이었다.

이런 아들이 마음에 쏙 든 제우스는 아이를 불사의 몸으로 만들어주려고 하늘로 데려와 잠든 헤라의 젖을 몰래 물렸다. 그런데 아기가 젖을 너무 세게 빠는 바람에 헤라가 잠에서 깨어 아기를 밀쳐냈다.

그 때문에 헤라클레스는 완전한 불사신이 되지는 못했다. 그리고 아기를 밀치는 순간 헤라의 가슴에서 뿜어져 나온 젖은 하늘에 뿌려져 은하수가 되었다. 은하수를 뜻하는 영어 '젖의 길(Milky Way)'이라는 표현은 여기서 유래했다.

몰래 자신의 젖을 빤 아기가 헤라클레스라는 것을 안 헤라는 더욱 치를 떨며 복수를 별렀다. 헤라의 저주는 헤라클레스의 평생을 따라다니며 가는 곳마다 가시밭길을 걷게 한다. 하지만 십자가 없는 영광은 없다. 그 가시밭길은 헤라클레스에게는 영웅으로 가는 영광의 길이었다.

헤라클레스가 열여덟 살이 되었을 때의 일이다. 하루는 키타이론 산에서 양떼를 치는데 두 명의 여신이 나타났다. 하나는 화려한 옷을 입고 아름다운 자태를 뽐내는 쾌락의 여신이었고, 다른 하나는 수수한 옷을 차려입었지만 정갈한 위엄이 뿜어져 나오는 미덕의 여신이었다. 두 여신은 헤라클레스에게 자기들 중 하나를 선택하라고 말했다.

쾌락의 여신은 자기를 선택하면 이 세상을 사는 동안 즐겁고 안락한 삶을 얻을 수 있다고 했다. 미덕의 여신은 자기를 선택하면 인생길에서 숱한 고난을 겪지만 나중에는 영광과 불멸의 삶을 얻게 된다고 말했다. 헤라클레스는 고심 끝에 미덕을 선택했다. 잠시 동안의 쾌락보다 영원한 영광이 기다리는 고난을 선택한 것이다.

12가지 난제를 풀어나가는 파란만장한 모험

이후로 헤라클레스가 가는 길은 고난과 시련의 연속이었다. 키타이론 산에서 내려온 헤라클레스는 테바이를 괴롭히던 이웃나라 오르코메노스를 정복하고, 그 공로로 테바이 왕의 딸인 메가라 공주와 결혼한다.

그는 메가라와 아들 둘을 낳고 행복하게 살지만 안락한 삶은 오래 지속되지 않았다. 질투의 화신인 헤라가 기다렸다는 듯이 헤라클레스에게 광기를 불어넣었던 것이다. 이성을 잃고 미치광이가 된 헤라클레스는 아내와 두 아들에게 마구 화살을 날려 죽이고 만다. 가족들이 갑자기 맹수로 보였기 때문이다.

뒤늦게 정신이 든 헤라클레스는 자신이 저지른 짓을 보고 경악했다. 참담한 마음에 그는 델포이의 신탁소로 가서 속죄의 길을 물었다. 여사제가 전한 신탁은 그의 사촌인 미케네 왕 에우리스테우스에게 가서, 그의 노예로 살면서 12가지 과업을 완수하라는 것이었다. 헤라클레스가 수행한 과업은 다음과 같다.

1. 네메아의 사자 퇴치
2. 괴물 뱀 히드라 퇴치
3. 케리네이아의 황금 뿔 사슴 생포
4. 에리만토스 산의 멧돼지 포획
5. 아우게이아스 왕의 외양간 청소
6. 스팀팔로스 호수의 괴조(怪鳥) 퇴치
7. 크레타의 황소 포획

8. 디오메데스 왕의 식인 말(馬) 생포

9. 아마존 여왕 히폴리테의 허리띠 탈취

10. 괴물 게리온의 마법 소 포획

11. 요정 헤스페리데스의 황금 사과 따 오기

12. 저승을 지키는 개 케르베로스 훔쳐오기

12가지 난제를 풀어나가는 파란만장한 모험은 헤라클레스의 스토리 가운데 사람들이 가장 흥미진진해하는 대목이다. 하지만 헤라클레스는 처자식을 죽인 죄를 씻기 위해 불굴의 의지로 이 험난한 과제들을 하나하나 정복해나간다. 보통 사람들이 풀 수 없는 난제들을 비범한 능력으로 하나씩 처리해나가는 것은 영웅의 특권이자 임무이기도 하다.

맨 먼저 한 과제는 네메아 계곡의 사자를 맨손으로 때려잡은 일이다. 이 사자는 스핑크스와 형제로, 불사신에 가까워서 어떤 무기로도 그 가죽을 뚫을 수 없었다. 헤라클레스가 사자 굴에 도착하여 어슬렁거리는 사자를 발견하고 잽싸게 화살을 날렸지만 화살만 팅겨나가고 녀석은 아무런 상처도 입지 않은 채 굴속으로 유유히 사라졌다.

헤라클레스는 사자 굴의 입구가 둘이라는 것을 알고 한쪽을 바위로 막았다. 그리고 굴속으로 들어가 사자를 올리브나무로 만든 몽둥이로 냅다 후려갈겼다. 사자가 쓰러지자 헤라클레스는 맨손으로 달려들어 목을 졸라 죽였다.

죽은 사자의 가죽이 얼마나 단단한지 어떤 칼로도 벗겨낼 수 없었다. 헤라클레스는 사자의 발톱을 이용해 가죽을 벗겨내고는 옷으로 걸치고 다녔다. 또 아가리를 벌린 사자의 머리로 투구를 만들어 썼다. 이후 사자가죽 옷과 사자머리 투구는 헤라클레스의 트레이드마크가 되었다.

머리가 100개 달린 괴물 뱀 히드라를 퇴치한 것도 헤라클레스의 빛나는 업적 중 하나다. 이 괴수는 맹독을 품어 입김만으로도 사람을 죽일 수 있고, 머리 하나를 베면 두 개의 머리가 새로 생겨났다. 헤라클레스는 머리를 자른 뒤 목을 불로 지지는 방식으로 차례차례 머리를 베어나가 마침내 히드라를 퇴치했다.

헤라클레스는 여기서 그치지 않고, 히드라의 피를 자신의 화살촉에 묻혀 치명적인 독화살을 만들었다. 이 독화살은 헤라클레스의 강력한 무기가 되지만 마지막에는 그의 목숨을 앗아가는 운명의 부메랑이 되기도 했다.

화와 복은 새끼줄처럼 하나로 얽혀 있다고 한다. 화는 복이 되고, 복은 화가 되는 일이 비일비재하다는 뜻이다. 화 속에는 복이 담겨 있고, 복 속에는 화가 담겨 있다.

승리는 재앙을 부르는 화근이 되고, 패배는 재기를 부르는 축복이 되는 게 세상사의 오묘한 이치다. 헤라클레스의 탁월한 성취도 한편으로는 훗날 파멸을 자초하는 운명의 복선을 깔아놓고 있었던 것이다.

황금 뿔을 가진 케리네이아의 사슴을 그물로 생포하고 난 다음의 일이다. 에리만토스 산에 사는 멧돼지를 포획하러 나선 헤라클레스는 부지불식간에 자신의 운명에 치명적인 덫을 놓게 된다. 멧돼지를 찾아다니던 그가 반인반마(半人半馬)의 괴물 켄타우로스의 집에 들러 포도주를 마시며 잠시 쉰 게 사단이었다.

포도주 냄새를 맡은 다른 켄타우로스들이 몰려들어 취중에 소란을 일으켰다. 헤라클레스는 이들과 싸움을 벌여 히드라의 독이 묻은 화살로 몇 명의 켄타우로스들을 죽였다. 이때 몇몇 켄타우로스는 도망쳤는데, 그중에는 네소스라는 괴물도 끼어 있었다. 그것이 나중에 얼마나 심각한 결과를 낳게 되는지를 헤라클레스는 까맣게 모르고 있었다.

숱한 고난 끝에 불멸의 존재로 거듭나다

헤라클레스의 과업은 계속 이어져 몸이 소똥으로 범벅되는 수모를 참으며 아우게이아스 왕의 외양간을 청소했고, 인육을 먹는 스팀 팔로스 호수의 괴조를 딸랑이 소리로 날아가게 한 뒤 활로 쏘아 죽였다.

크레타 섬에서는 왕비와 정을 통해 머리는 황소이고 몸은 인간인 괴물 미노타우로스를 낳은 황소를 잡아왔고, 인육을 먹여 키운 디오메데스 왕의 암말도 처리했다. 또한 여전사들이 사는 아마존의 히폴리테 여왕이 차고 있는 허리띠도 얻었으며, 머리가 셋 달린 괴물 게리온이 키우는 마법의 소떼도 포획했다.

요정 헤스페리데스와 머리가 100개인 거대한 뱀 라돈이 지키는 황금사과마저 손에 쥔 헤라클레스는 마지막 과업을 완수하기 위해 저승세계까지 내려간다. 저승의 문을 지키는 개 케르베로스를 훔쳐 오라는 명령을 수행하기 위해서였다.

살아 있는 자가, 그것도 살인죄를 저질러 부정한 몸인 자가 저승을 방문하는 것은 있을 수 없는 일이었다. 더구나 도둑을 막는 저승의 파수견을 도둑질해오는 것은 불가능에 가까운 난제였다. 하지만 헤라클레스는 포기를 모르는 영웅이었다.

그는 제우스의 전령인 헤르메스와 아테나 여신의 도움으로 저승에 내려갔다. 그리고 저승의 왕인 하데스를 만나 무기를 사용하지 않고 케르베로스를 제압한다면 데려가도 좋다는 허락을 얻었다. 헤라클레스는 당장 맨손으로 케르베로스의 목을 움켜쥐고 지하세계 밖으로 끌고 나왔다. 이로써 마지막 과업까지 완수한 헤라클레스는 케르베로스를 다시 저승에 데려다주었다.

열두 가지 과업을 모두 끝냈지만 헤라클레스의 고난은 아직 끝이 아니었다. 친자식을 살해한 죄를 정화하고 노예에서도 풀려난 그는 다시 발광해 이번에는 친구를 죽였다. 그 바람에 그는 옴팔레 여왕의 노예가 되어 3년 간 다시 죄를 씻었다. 그 뒤 헤라클레스는 데이아네이라와 두 번째 결혼을 했는데 이번에도 그에게 주어진 행복의 시간은 그리 길지 않았다.

어느 날 헤라클레스는 아내와 함께 강가에 이르렀는데 켄타우로스 족인 네소스가 통행세를 받고 강을 건너게 하고 있었다. 에리만토스의 멧돼지를 사냥할 때 도망쳤던 바로 그 켄타우로스였다. 네소스는 먼저 데이아네이라를 업고 강을 건넌 뒤 그녀를 겁탈하려 했다. 이에 분노한 헤라클레스가 독화살을 쏘아 네소스를 죽였다.

네소스는 숨을 거두면서도 음모를 꾸며 데이아네이라에게 자신의 피를 모아두라고 말했다. 남편의 사랑이 식었다고 느낄 때, 그 피를 속옷에 칠하면 다시 사랑이 돌아올 거라는 꿍이었다. 순진하게도 데이아네이라는 그 말을 곧이곧대로 믿고 히드라의 독이 든 피를 병에 넣어 간직해두었다.

얼마 뒤 데이아네이라는 그 피를 사용할 때가 왔다고 느꼈다. 헤라클레스가 모험 중에 한 여자를 붙잡아왔는데, 예쁜 그녀를 보자 질투심이 불타오른 데이아네이라는 남편 몰래 속옷에다 네소스의 피를 발라두었다.

아무것도 모르는 헤라클레스가 옷을 갈아입자마자 히드라의 독이 살갗을 파고들어 전신으로 퍼져 나갔다. 극심한 고통에 헤라클레스는 비명을 지르며 옷을 벗으려 했지만, 옷이 살에 달라붙어 억지로 벗을수록 살점이 마구 떨어져 나갔다. 그제야 자신이 무슨 짓을 했는지 깨달은 데이아네이라는 후회와 자책 속에 스스로 목숨을 끊었다.

죽음이 임박하자 헤라클레스는 오이타 산에 올라가 장작더미로 스스로 화장 단을 쌓은 뒤 그 위에 누웠다. 그리고 활활 타오르는 불길과 함께 자신의 모든 생애와 남은 고통까지 태워버렸다. 천상의 신들은 이 영웅의 죽음을 애석하게 여겼다. 제우스가 이런 말로 신들을 위로했다.

"그대들은 슬퍼하지 마시오. 저 오이타 산에서 타오르는 불길을 두려워하지 마시오. 모든 것을 정복한 헤라클레스는 저 불길까지도 정복할 것이오. 불에 타서 사멸하는 것은 그의 어머니로부터 받은 육체뿐이고, 아버지인 내게서 받은 것은 불에 타지 않는 불멸의 것이라오."

그리고서 제우스는 헤라클레스를 하늘로 끌어올려 신으로 만들었다. 헤라조차 이번에는 헤라클레스의 승천을 막을 수 없었다. 마침내 헤라는 헤라클레스와 화해하고 자신의 딸이자 청춘의 여신인 헤베를 아내로 주었다. 이렇게 해서 영웅 헤라클레스는 불멸의 존재로 거듭나게 되었다.

　고난이 크면 영광도 크다. 헤라클레스가 겪은 숱한 고난은 그의 빛나는 영광이 되었다.《맹자》에는 이런 구절이 나온다.

　하늘이 장차 큰일을 맡기려는 사람에게는 반드시 먼저 그의 마음을 괴롭게 하고, 뼈마디가 꺾어지는 고난을 당하게 하며, 굶주리고 궁핍하게 만들어 하고자 하는 일마다 뜻대로 안 되게 어지럽힌다.

　그대는 지금 어떤 고난을 당하고 있는가. 하는 일마다 뜻대로 안 풀려 괴로운가. 하늘이 장차 큰일을 맡기기 위해 그대를 빚어가고 있는 중인지도 모른다. 고난의 크기는 곧 그 인물의 크기다.

인간, 영웅을 창조하다

마케도니아의 왕,
페르세우스

제우스와 아르고스의 왕 아크리시오스의 딸 다나에 사이에 태어난 아들. 메두사의 목을 벤 영웅으로 바다괴물의 먹이가 될 위기에 처해 있는 안드로메다를 구출하고 그녀와 결혼한다. 후에 미케네의 왕이 된다.

불가능에 도전하는 것이 영웅으로 가는 출발점이다

"나를 키운 건 팔 할이 바람이다"라는 말은 널리 인용되는 미당 서정주의 시구다. 그가 스물세 살에 쓴 시 〈자화상〉은 '애비는 종이었다'라는 도발적인 첫 문장으로도 유명하다. 20대 초반의 고백이지만, 종의 아들로 태어나 바람처럼 떠돌아다녔다면 남들보다 모진 삶이었을 것이다.

스무 살 무렵 페르세우스의 삶이 또한 그랬다. 종의 아들이 아니라 신의 아들로 태어났지만 그리스신화의 영웅 페르세우스를 키운 건 '팔 할이 바람'이었다. 태어나자마자 어머니와 함께 나무궤짝에 실려 망망한 바다에 내던져졌기 때문이다.

다행히 바람은 일엽편주와 같은 나무궤짝이 무사하게 험한 파도를 헤치고 세리포스라는 섬에 닿도록 인도했다. 신의 아들이 어떻게 바람에 운명을 맡기는 신세가 되었는지, 그 기구한 스토리를 쫓아가보자.

페르세우스의 아버지는 신들의 왕 제우스였다. 앞에서도 보았듯이 제우스는 황금비로 변신해서 청동 감옥에 스며들어간 뒤 거기에 갇힌 다나에 공주와 사랑을 나눠 페르세우스를 낳게 한다. 하지만 다나에의 아버지인 아르고스의 왕 아크리시오스는 딸이 아들을 낳았다는 소식을 듣고 얼굴이 하얗게 질렸다. 딸이 낳은 아들에 의해 죽게 될 거라는 흉측한 예언을 들었기 때문이다.

신탁의 예언이 이뤄질 수 없도록 딸 다나에를 청동 감옥에 가둬 원천봉쇄한 것도 허사였다. 아크리시오스는 아기를 당장 죽이고 싶었지만 제우스의 아들이라는 말에 어쩔 수 없이 그들을 나무궤짝에 실어 멀리 바다로 떠나보냈다.

망망대해를 표류하던 나무궤짝이 세리포스 섬에 닿자, 어느 어부가 발견해서 건져 올렸다. 마음씨 착한 그는 가난한 살림에도 아이와 어머니를 친자식처럼 돌봐주었다. 그곳에서 페르세우스는 해풍과 파도를 벗하며 늠름한 청년으로 자라났다.

잠시 평온하던 페르세우스의 삶에 다시 폭풍이 몰아쳤다. 그 섬의 왕인 폴리덱테스가 다나에를 보자 한눈에 반해 아내로 만들려는 욕심이 일었다. 하지만 그 옆에 페르세우스가 눈엣가시처럼 버티고 있어서 뜻을 이룰 수 없었다.

궁리 끝에 폴리덱테스는 꾀를 내어 자신이 곧 이웃나라 공주와 결혼한다는 거짓 발표를 했다. 당시 풍습에 왕이 결혼하면 신하들은 예물로 말을 바치게 되어 있었다.

하지만 가난한 어부의 집에 얹혀사는 그에게 그럴 여유가 있을 리 없었다. 왕 앞에 나가게 되자 왜 말을 가져오지 않았느냐는 추궁이 돌아왔다. 답이 궁색해진 페르세우스의 입에서 생각지도 않은 말이 튀어나왔다.

"비록 바칠 말은 없지만 선물은 드릴 수 있습니다. 원하신다면 메두사의 머리라도 잘라오겠습니다."

폴리덱테스는 속으로 쾌재를 부르며 얼른 그렇게 하라고 못 박았다. 메두사의 목을 베어오겠다는 것은 죽으러 가겠다는 말이나 다름없었기 때문이었다.

메두사는 머리카락 한 올 한 올이 뱀으로 되어 쉭쉭 소리를 내며 혀를 날름거리는 무시무시한 괴물이었다. 입에는 멧돼지 이빨이 달려 있고 손은 청동이며, 온몸에는 두꺼운 용의 비늘이 덮고 있어 보통 칼로는 찌를 수조차 없었다.

또한 눈빛이 섬뜩해 메두사와 한 번 눈을 마주치면 누구든지 곧바로 돌로 변해버렸다. 그뿐 아니라 머리카락은 뱀이며, 멧돼지의 어금니를 지닌 고르곤 세 자매 가운데 하나인 메두사는 서쪽의 세상 끝에 살고 있어서, 설사 목을 벤다고 해도 황금날개를 가진 다른 자매의 추격을 뿌리치는 것은 불가능했다.

얼떨결에 무모한 약속을 한 페르세우스는 뒤늦게 땅을 쳤다. 자존심이 시킨 경솔한 말이었지만 이미 엎질러진 물이었다. 메두사를 처치하러 나서는 페르세우스의 발걸음은 무겁기만 했다. 하지만 그것은 무명의 페르세우스가 영웅의 길로 나아가는 도약의 첫걸음이었다. 가능한 일에 도전하는 것은 누구나 할 수 있다. 불가능한 일에 도전하는 것이야말로 영웅으로 가는 출발점이다.

기적의 승리 뒤에 찾아온 행운

'모든 벽은 문이다'라는 경구가 있다. 문이 없는 벽은 없다. 벽이 있다는 것은 어딘가에는 문이 있다는 뜻이다. 메두사라는 거대한 벽에도 어딘가에는 반드시 문이 있게 마련이다. 문은 두드리는 자에게 열린다고 했다. 용감히 두드리는 자는 감춰진 그 문을 열 수 있다.

마지못한 도전이었지만, 페르세우스가 벽을 두드리자 감춰진 문이 모습을 드러냈다. 제우스가 생사를 건 모험에 나서는 아들 페르세우스를 보고 전령 헤르메스와 아테나 여신을 보내 도움을 주게 한 것이다. 사방이 벽이어도 하늘의 문은 열려 있는 법이다.

아테나 여신이 온 것은 메두사에게 남아 있는 악감 때문이었다. 메두사는 원래 아테나 신전의 여사제였는데 뻔뻔스럽게도 신전 안에서 바다의 신 포세이돈과 정을 통했기 때문이다. 포세이돈은 아테네의 통치권을 놓고 아테나와 경쟁을 벌였을 정도로 둘의 관계는 좋지 않았다. 분노에 찬 아테나는 자신의 신전을 더럽힌 메두사를 저주해 괴물로 만들어버렸다.

아테나 여신은 페르세우스에게 번쩍번쩍 빛나는 청동 방패를 주었다. 메두사와 눈을 마주치면 돌로 변하기 때문에 방패를 거울삼아 접근하라는 것이었다. 헤르메스는 용의 비늘로 덮인 메두사의 목을 단칼에 벨 수 있는 보검을 빌려줬다.

방패와 보검을 얻었지만 괴물 메두사를 처치하기 위해서는 아직도 필요한 무기들이 더 있었다. 곧 메두사의 머리를 넣어 올 마법의 자루와 신속히 하늘을 날 수 있는 날개 달린 샌들, 그리고 머리에 쓰면 모습이 보이지 않게 되는 황금 투구였다.

이 세 가지 보물은 요정이 갖고 있었는데, 요정이 사는 곳은 그라이아이 세 자매만이 알고 있었다. 페르세우스의 첫 행선지는 이 세 자매가 살고 있는 머나먼 서쪽 끝의 어느 깊은 산이었다.

그라이아이 세 자매는 태어나면서부터 백발의 노파였다. 또한 하나의 눈과 이빨을 세 자매가 번갈아 가며 사용했다. 페르세우스는 아테나 여신이 일러준 대로 노파들이 눈과 이빨을 갈아 끼울 때 재빨리 눈알을 낚아채고는 메두사를 죽이는 데 필요한 세 가지 보물이 있는 곳을 알려주지 않으면 눈알을 버리겠다고 위협했다.

노파들은 어쩔 수 없이 요정이 살고 있는 곳을 알려줬고 페르세우스는 눈알을 돌려준 다음 장소로 향했다. 요정은 페르세우스의 어려운 처지를 듣자 기다렸다는 듯 선선히 보물들을 빌려주었다.

만반의 준비를 갖추자 페르세우스는 날개 달린 샌들을 신고 하늘을 날아 메두사가 살고 있는 동굴로 찾아갔다. 동굴 주변에는 돌덩이들이 즐비했는데, 메두사의 얼굴을 보고 굳어버린 인간과 짐승들이었다. 페르세우스는 황금 투구를 쓰고 자신의 모습을 감춘 다음 서두르지 않고 고르곤 자매들이 잠들 때까지 기다렸다.

그리고 청동 방패에 비친 메두사를 보며 조심조심 접근한 다음 보검으로 내리쳐 단칼에 목을 잘랐다. 메두사는 비명조차 지르지 못하고 머리가 떨어져 나갔다.

이때 솟구친 피에서 날개가 달린 천마(天馬) 페가수스가 튀어나왔다. 메두사가 포세이돈과 관계를 맺어 낳은 자식이었다. 수상한 기척에 놀라 잠이 깬 고르곤 자매가 두리번거리며 적을 찾았지만 헛일이었다.

황금 투구를 쓴 페르세우스는 재빨리 메두사의 머리를 마법의 자루에 담은 다음 쏜살같이 하늘로 날아올라 위험에서 탈출했다. 무명의 청년이었던 그가 영웅으로 변신해 화려하게 비상하는 순간이었다. 불가능해 보였던 일을 마침내 깔끔히 성공해낸 것이다.

기적 같은 승리를 얘기할 때 사람들은 흔히 다윗과 골리앗의 싸움을 예로 든다. 10대 소년인 다윗이 변변한 무기도 없이 물맷돌로 키가 3미터에 육박하는 전사 골리앗을 물리친 것은 불가능한 승리였다.

페르세우스가 메두사를 물리친 것은 다윗과 골리앗의 싸움을 능가하는 기적의 승리였다. 신화 속에 등장하는 괴물 메두사와 거인 골리앗은 원래 비교 대상조차 되지 않는다. 하지만 메두사와 골리앗은 둘 다 똑같이 페르세우스와 다윗이라는 두 영웅에게 새로운 운명을 열어준 벽이자 문이었다는 공통점이 있다.

유다 변방의 양치기 소년에 불과했던 다윗이 이스라엘의 왕이 될 수 있었던 것은 골리앗 덕분이었다. 마찬가지로 작은 섬에 사는 평민 청년이었던 페르세우스는 메두사 덕분에 자신의 신분을 되찾고, 미케네의 왕으로 등극하게 된다.

거친 풍랑이 유능한 선장을 만든다

페르세우스는 메두사 덕분에 예쁜 아내까지 얻는 행운도 누리게 된다. 메두사의 모가지를 가지고 귀환하던 페르세우스는 에티오피아 상공을 날아가다가 땅에서 이상한 장면을 보았다. 아름다운 처녀가 바닷가 절벽에 쇠사슬로 묶여 오들오들 떨고 있는 것이었다. 호기심이 발동한 페르세우스가 처녀에게 다가가 까닭을 물었다. 수줍게 입을 연 처녀가 들려준 사연은 이랬다.

그녀는 에티오피아의 왕 케페우스와 카시오페이아 왕비 사이에서 태어난 안드로메다 공주였다. 외모에 대한 자부심이 대단했던 왕비는 자신의 딸이 바다의 요정 네레이데스보다 더 예쁘다고 자랑하고 다녔다.

이에 화가 난 바다의 요정들은 포세이돈에게 일러바쳤고, 포세이돈은 바다괴물을 보내 에티오피아를 쑥밭으로 만들었다. 케페우스왕이 신탁을 구하자 딸인 안드로메다를 제물로 바쳐야 재앙이 멎는다고 했다. 어쩔 수 없이 쇠사슬에 묶인 안드로메다는 바닷가 절벽에서 괴물이 잡아가기를 기다리는 중이었다.

사연을 들은 페르세우스는 왕과 왕비를 찾아가 딸을 구출해줄 테니 결혼하게 해달라고 요구했다. 앞뒤 가릴 처지가 아니었던 왕과 왕비는 당장 승낙했고, 페르세우스는 곧바로 바닷가 절벽으로 달려가 숨어서 괴물이 나타나기를 기다렸다.

이윽고 파도를 헤치고 괴물이 떠올라 안드로메다를 향해 다가왔다. 바로 그 순간, 페르세우스는 공중에 날아올라 전광석화처럼 괴물의 목을 베어버렸다. 메두사의 목을 자른 보검으로 바다괴물을 처치하기란 호박에 침놓기에 불과했다.

이후 결혼식장에서 안드로메다의 원래 약혼자였던 사람이 행패를 부렸지만 메두사의 머리를 꺼내들자 순식간에 돌멩이로 변해버렸다. 페르세우스에게 최대 장애물이었던 메두사는 이제 그의 최고 무기로 변했다. 최대의 적이 최고의 내 무기로 변한다는 것은 인생의 아이러니이자 묘미라고 할 수 있다.

메두사의 머리는 어머니 다나에를 괴롭힌 폴리덱테스 왕을 물리치는 데도 요긴하게 쓰였다. 폴리덱테스는 페르세우스가 메두사를 무찌르러 가자 살아서 돌아오리라고는 꿈도 안 꾸고 날마다 다나에에게 다가가 결혼해달라고 치근거렸다.

견디다 못한 다나에는 신전으로 피신해 겨우 몸을 보전하고 있었다. 페르세우스는 왕궁으로 찾아가 연회를 벌이고 있던 왕과 신하들 앞에서 메두사의 머리를 높이 치켜들었다. 그 순간 폴리덱테스를 비롯한 모든 신하들이 돌로 변해버렸다.

복수를 마치자 페르세우스는 보물 무기들을 미련 없이 원래 주인에게 돌려주고, 아테나 여신에게는 감사의 표시로 메두사의 머리를 바쳤다. 아테나는 그것을 자신의 아이기스 방패에 박아 기념으로 삼았다. 그로부터 메두사의 머리가 박힌 아이기스 방패는 모든 적들을 두려움에 떨게 하는 천하무적의 상징이 된다.

페르세우스는 자신을 길러준 어부 딕티스를 세리포스 섬의 새로운 왕으로 앉히고, 마침내 어머니 다나에와 아내 안드로메다와 함께 고향 아르고스로 돌아왔다. 하지만 외할아버지 아크리시우스는 우연히 페르세우스가 던진 원반에 맞아 사망한다. 수십 년 전의 신탁이 결국에는 그대로 실현된 것이다.

비탄에 빠진 페르세우스는 아르고스를 떠나 티린스로 가서 그곳의 왕과 서로 왕국을 교환한다. 티린스의 왕이 된 페르세우스는 영토를 확장하고 미케네 왕국을 건설하게 된다. 모든 모험을 마친 페르세우스는 안드로메다와 오래도록 행복하게 살다가 하늘에 올라 별이 되었다고 전해진다. 운명은 계속해서 그의 발목을 잡았지만, 그는 그 운명을 디딤돌 삼아 새로운 세계를 열어간 것이다.

돌아보면 태어나자마자 나무궤짝에 태워져 바다에 내던져진 운명도 꼭 나쁜 것만은 아니었다. 버려진 운명이었기에 페르세우스가 엮어간 영웅드라마는 극적인 긴장감을 더한다. 엑소더스의 모세도 페르세우스처럼 태어나자마자 갈대상자에 넣어져 나일 강에 흘려보내졌다.

하지만 그 기구한 운명 덕분에 모세는 이집트 공주의 아들이 되었고, 이후 왕실의 교육을 받고 자라 훗날 이스라엘 백성을 이끄는 지도자가 될 수 있었다. 좋은 운명과 나쁜 운명이 따로 있는 게 아니다. 주어진 운명을 벽으로 삼느냐, 새로운 세계를 여는 문으로 삼느냐 하는 차이만 있을 뿐이다.

거친 풍랑이 유능한 선장을 만든다고 한다. 바람이 세면 연은 더욱 높이 나는 법이다. 인생에서 만나는 역풍은 그를 하늘 높이 날게 하는 이륙의 추동력이 되기도 한다. 한 인물을 키우는 것은 '팔 할

이 바람'이다. 영웅 페르세우스를 만든 것은 아이러니하게도 버려진 운명과 갖가지 장애물, 그리고 메두사라는 거대한 장벽이었다.

그대를 좌절하게 만드는 메두사는 무엇인가. 그대는 무엇을 두려워하며 무엇을 근심하는가. 눈 밝은 이들은 그것이 벽이 아니라 문임을 알아볼 것이다.

인간, 영웅을 창조하다

Iason

모험과 도전의 원정대장,
이아손

그리스신화에서 빠뜨릴 수 없는 또 한 명의 영웅. 아버지의 빼앗긴 왕권을 되찾기 위해 '아르고호
원정대'를 결성하여 잠들지 않는 용이 지키는 콜키스의 황금 양털을 가져온다. 이때 모험을 도운 마
녀 메데이아와 결혼하여 자식까지 낳지만, 나중에 그녀를 버리고 크레온 왕의 딸 글라우케와 결혼
하여 처절한 보복을 당하게 된다.

모험을 했다고 영웅이 되는 것은 아니다

"반짝인다고 다 금은 아니다"라는 말은 셰익스피어의 《베니스의 상인》에 등장하는 말로, 서양에서는 어린아이들까지도 흔히 사용하는 금언이다. 작품에서 여주인공 포샤는 신랑감을 고르기 위해 금, 은, 납으로 된 세 개의 상자를 준비한다. 금상자의 겉에는 '나를 택하는 자는 만민이 소망하는 것을 얻으리라'는 문구가 적혀 있었고, 은상자에는 '나를 택하는 자는 자신의 신분에 걸맞은 것을 얻으리라', 납상자에는 '나를 택하는 자는 모든 것을 걸고 모험해야 하리라'라고 적혀 있었다.

첫 번째 청혼자인 모로코의 영주가 금상자를 열자 해골과 함께 쪽지가 나왔다. 쪽지에는 이렇게 적혀 있었다.

반짝이는 것이 다 금은 아니다. 그대는 이 말을 자주 들었으리라. 수많은 사람들이 내 겉모양에 홀려 그 숱한 생명을 팔았느니라. 황금으로 도금된 무덤 속엔 구더기가 우글댄다.

우리식으로 말하면 '꽝'을 뽑은 셈이다. 다들 짐작한 대로 은상자에는 백치의 초상이 들어 있었고, 청혼자들이 찾던 여주인공 포샤의 초상화는 납상자에 들어 있었다. 납상자 안의 쪽지에는 이런 축하 메시지가 적혀 있었다.

겉모습으로 선택하지 않은 그대여, 운은 좋았고 선택은 진실했도다.
이 운명이 그대 몫이니 만족하라. 그리고 새 운명을 구하지 말라.

금상자 안에 든 경구처럼 수많은 사람들이 겉모양에 홀려 자신의
생명을 판다. 그 결과로 얻는 것은 황금이 아니라 해골일 뿐이다.

그리스신화에서 최초의 방대한 모험담인 '아르고호 원정대'의 대
장 이아손이 그런 경우다. 아르고호 원정대 이야기는 스케일부터가
웅장하다. 배에 승선한 인원만 50여 명으로 배의 규모가 당시로서
는 항공모함 급이라고 할 수 있었다. 게다가 50여 명의 용사 모두
가 한가락씩 하는 쟁쟁한 영웅들이었다. 그들의 면면을 보자.
천하장사 헤라클레스, 음악의 명인 오르페우스, 포세이돈의 아들
안키오스, '북풍 신'의 아들인 제테스와 칼라이스 형제, 현인 네스
토르, 칼리돈의 멧돼지 사냥의 용사 멜레아그로스, 예언가 이드몬
과 몹소스 등이다. 이들 원정대원들이 흑해 연안의 콜키스 왕국에
있는 황금 양피를 구해 오기까지 항해한 거리만도 5천 6백 킬로미
터에 달한다.

하지만 이 화려한 대규모 원정대를 이끌고 보물인 황금 양피를

얻어 개선한 영웅 이아손의 최후는 뜻밖에 초라하다 못해 허망하기까지하다. 이아손에게는 영웅이라는 칭호 앞에 항상 '실패한'이라는 수식어가 따라다닌다. 무엇이 문제였는지 이아손의 스토리를 빠르게 되짚어보자.

흥미롭게도 이아손 스토리의 출발은 우리에게 낯익은 무협지를 떠올리게 만든다. 무협지의 공식은 부모의 원한과 화를 피한 자식의 입산 수련, 도사를 만나 무술 연마, 고수가 되어 하산, 그리고 펼쳐지는 복수의 드라마라고 할 수 있다. 이아손의 스토리도 그와 비슷한 얼개 속에서 전개된다.

이아손의 아버지는 그리스 중동부의 해안도시 이올코스의 왕이었다. 이아손은 늙은 아버지의 뒤를 이어 왕이 되어야 했지만, 숙부 펠리아스가 왕위를 가로챈다. 이아손이 다섯 살밖에 안 되어 너무 어리므로 장성하면 왕위를 넘겨주겠다는 것이었다. 펠리아스는 우리로 치면 어린 조카 단종을 몰아낸 수양대군인 셈이다.

단종의 비극적 최후는 예정된 수순이었다. 목숨이 위태로워진 이아손은 몰래 산으로 보내져 케이론이라는 현자 밑에서 자라났다. 케이론은 반인반마의 켄타우로스로, 헤라클레스를 비롯해 '의학의 신' 아스클레피오스, 아킬레우스 등 수많은 영웅들을 길러낸 스승이었다. 케이론에게서 이아손은 무술과 음악, 항해술 등을 배웠다.

시대의 영웅들이 모두 참여한 원정대

그로부터 15년 후 헌헌장부로 자라난 이아손은 마침내 하산하게 된다. 다시 세상에 나서는 그에게 첫 시험이 기다리고 있다는 것은 무협지를 좋아하는 사람들이라면 익히 아는 바다. 이올코스로 가려면 강을 건너야 하는데 강가에 웬 백발 노파가 서 있었다. 이아손이 강을 건너려 하자 노파가 말을 건네 왔다.

"젊은이, 나도 좀 업어서 건네주게나."

입산 수련을 마친 이아손에게 노파를 업고 강을 건너는 것은 일도 아니었다. 이아손은 선선히 등을 돌려댔다. 그런데 이게 어찌 된 일인가. 강 가운데로 들어서자 베개처럼 가벼웠던 할머니가 점점 바위처럼 무거워졌다.

게다가 한달음에 닿을 것 같았던 저쪽 둑이 가도 가도 더 멀어지는 것처럼 느껴졌다. 허둥대다가 이아손은 그만 신발 한 짝이 벗겨져 잃고 말았다. 떠내려가는 신발을 붙잡으려고 등을 돌리자 노파가 호통을 쳤다.

"이 녀석아. 신발 건지려다가 사람이 물에 빠지겠다. 그깟 신발 한 짝이 그렇게 중하냐?"

이아손이 낑낑거리며 강 건너편에 도달하자 문득 등이 허전해졌다. 돌아보니 노파는 사라지고 오간 데 없었다. 쭈그렁 할멈은 바로 헤라 여신이었던 것이다.

헤라 여신은 펠리아스가 전에 자신의 신전을 더럽힌 것에 앙심을 품고 있었다. 그래서 조카 이아손을 통해 징벌하려고 노파로 변신해 그를 테스트해본 것이다. 그 뒤로 헤라는 이아손의 수호신이 되어 가는 곳마다 그를 지켜주었다.

펠리아스는 죽은 줄로만 알았던 조카가 건장한 청년이 되어 나타나자 깜짝 놀랐다. 하지만 왕좌를 내주는 대신 꾀를 내어 조건을 제시했다. 즉 콜키스의 보물인 황금 양피를 가져오면 왕위를 물려주겠다는 것이었다. 잠들지 않는 용이 지키고 있는 그 황금 양피는 누구도 훔칠 수 없는 것으로 소문이 자자했다.

수많은 군주와 영웅들이 탐냈지만 보물을 쥐기 전에 목숨을 먼저 바쳐야 했다. 교활한 펠리아스는 그 점을 노렸고, 순진한 이아손은 이를 덜컥 받아들였다. 이로써 요즘으로 치면 블록버스터급 액션무비인 '아르고호 원정대'가 대장정의 닻을 올리게 되었다.

이아손은 우선 솜씨 좋은 명장 아르고스에게 부탁해 먼 바다를 화살처럼 빠르게 건널 수 있는 커다란 배를 짓게 했다. 노가 50개 넘는 그 배는 아르고스의 이름을 따서 '아르고호'라 이름 지었다. 돛대는 아테나 여신이 그리스 북서쪽에 있는 고대도시 도도나에서 가져온 참나무로 만들었는데, 이 참나무는 인간처럼 말을 알아들을 뿐만 아니라 말도 할 수 있었다.

　이어서 이아손은 모험에 동참할 영웅들을 전국에서 불러 모았다. 50여 명에 이르는 영웅이 순식간에 모이고, 자신들을 이끌 원정대장으로는 다들 헤라클레스를 대장으로 꼽았지만 고사하는 바람에 이아손이 맡게 되었다. 그러고는 무사귀환을 비는 제사를 올린 다음 마침 불어오는 순풍에 돛을 올려 야심만만하게 모험 길을 떠났다.

　아르고호라는 한 배에 탔지만 모험의 목적은 이아손과 50여 명의 영웅이 서로 달랐다. 헤라클레스가 원정대장 자리를 이아손에게 넘기면서 한 말에서 이를 잘 엿볼 수 있다.

　"황금 양피는 이아손 그대에게 필요한 것이지 우리의 관심사는 아니다. 우리는 황금 양피를 구실로 이렇게 한 자리에 모인 것이다. 이를 통해 서로 흉금을 털어놓고 사귀며 함께 마시고 함께 싸울 따름이다. 이아손 그대는 황금 양피를 얻어 왕이 되려하지만 우리는 황금 양피를 통해 모험을 맛보려고 할 뿐이다."

　이 차이가 결국 헤라클레스와 이아손 두 영웅의 위상을 갈랐다고 할 수 있다. 헤라클레스는 12가지 과업을 통해 인간의 한계를 극복하고 신의 반열에 올랐다. 하지만 이아손은 황금 양피를 얻어 왕위에 오르는 것이 모험의 최종 목적이었다. 헤라클레스는 괴물을 퇴치함으로써 두려움에 떨던 사람들에게 평화를 선사했지만, 이아손의 모험은 개인의 야망을 성취한 것에 지나지 않았다. 이올코스 항을 떠난 아르고호 원정대는 예상대로 숱한 위험과 시련을 겪는다.

천신만고 끝에 콜키스에 도착한 이아손 일행은 아이에테스 왕을 만나 황금 양피를 달라고 요구한다. 하지만 소중한 나라의 보물을 호락호락 내어줄 왕은 없다. 영웅들의 기세에 눌린 아이에테스 왕은 무조건 거절하지 못하고 통과하기 어려운 과제들을 내걸었다.

"황금 양피는 아무나 가질 수 있는 게 아니오. 내가 내건 시험을 통과하는 용사라야 하오. 내게는 청동 발굽을 하고 콧구멍에서 불을 내뿜는 황소가 두 마리 있소. 그 불에 사람이 살이 닿으면 뼈도 남지 않는다오. 이들 황소에 멍에를 씌워 밭을 간 다음 거기에 용의 이빨로 씨를 뿌리시오. 용의 이빨들은 땅에 심으면 용맹한 전사들이 솟아나올 것이오. 그 전사들을 다 무찌르고 나면 황금 양피를 주겠소."

아무리 천하무적의 영웅이라 하더라도 실행하기 힘든 과제였지만 이아손의 뒤에는 헤라 여신이 있었다. 헤라 여신은 아이에테스 왕의 딸인 메데이아의 마음을 움직여 난관에 봉착한 이아손에게 도움을 주게 했다. 헤라가 아프로디테에게 부탁해 메데이아에게 에로스의 화살을 쏘게 한 것이다.

사랑의 화살을 맞은 메데이아는 이아손을 보자마자 한눈에 반했다. 낯선 꽃미남 청년을 도와주고픈 마음에 애를 태우며 밤을 꼴딱 새울 지경이었다. 하지만 이아손을 돕는 것은 아버지를 배반하는 일이다. 고민하던 메데이아는 저도 모르게 신음을 내뱉었다.

"아, 아무리 저항하려 해도 소용이 없구나. 어느 신인지는 모르나 신이 나의 마음을 다스리고 있다. 이런 것을 사랑이라고 하는 걸까? 나는 왜 이리 이아손의 파멸을 두려워하는 걸까?"

어쩔 수 없는 힘에 이끌려 메데이아는 가족과 조국을 배신하고 사랑을 선택한다. 이아손과 몰래 만난 그녀는 자신과 결혼해주면 황금 양피를 얻는 것을 도와주겠다고 말하면서 불길에서도 견딜 수 있는 마법의 약초를 몸과 무기에 바르라고 건네줬다. 여기다 땅에서 솟아나는 전사들은 돌덩이를 던지면 어디서 날아온 돌인지 몰라 자기들끼리 싸우다 전멸할 거라고 퇴치방법까지 알려줬다.

마법의 약초를 건네줄 때 이아손의 긴 머리카락이 메데이아의 뺨을 스치자 그녀의 마음은 장미꽃보다도 붉게 타올랐다. 사랑으로 포장된 파멸의 덫에 빠져드는 순간이었다. 이로써 메데이아는 마녀이자 악녀의 상징으로 두고두고 회자되는 비극의 운명을 향해 줄달음치게 된다.

반짝인다고 모두 금은 아니다

마침내 이아손은 메데이아의 도움으로 힘든 과제들을 손쉽게 해치웠다. 깜짝 놀란 아이에테스 왕은 다음 날 황금 양피를 건네주기로 하고 밤에 아르고호에 불을 질러 이아손 일행을 몰살시킬 음모를 꾸몄다.

이를 눈치챈 메데이아는 급히 아르고호로 달려가 상황을 알린 뒤 이아손을 황금 양피가 걸려 있는 숲으로 데려갔다. 그리고 잠들지 않는 용에게 최면을 건 뒤 수면제를 뿌려 잠재웠다. 마침내 황금 양피를 손에 넣은 이아손 일행은 메데이아와 함께 서둘러 콜키스를 떠났다.

아르고호는 추격을 피하기 위해 올 때와는 달리 시계 반대 방향으로 먼 길을 우회해 이올코스로 향했다. 이 과정에서도 많은 역경과 시련이 있었으나 결국에는 무사히 출발했던 곳으로 귀환했다.

이아손과 아르고호의 파란만장한 모험은 이로써 막을 내렸다. 이아손은 원하던 황금 양피를 손에 넣었고, 예쁜 공주도 아내로 얻었다. 하지만 원하던 왕위는 얻을 수 없었다. 숙부인 펠리아스가 애초의 약속과 달리 왕위를 물려주지 않았기 때문이다. 이에 이아손의 아내 메데이아는 속임수를 써서 펠리아스를 토막 내어 죽게 만들었고, 이 악행 때문에 그들은 이올코스에서 추방되어 코린토스로 가게 되었다.

모험이 힘들었던 것에 비해 파국은 너무나 쉽게 찾아왔다. 코린토스에서 이아손은 아내 메데이아를 버리고 크레온 왕의 딸과 결혼하려 했다. 이에 격분한 메데이아는 이아손에게 가슴이 찢어지는 고통을 주기 위해 그와의 사이에서 낳은 두 아들을 제 손으로 죽였다. 이어 크레온 왕과 그의 딸까지 독살한 다음, 용이 끄는 수레를 타고 아테네로 도망쳐버린다.

이후 이아손은 미치광이가 되어 정처 없이 사방을 떠돌아다녔다. 메데이아의 끔찍한 복수극에 충격을 받아 넋이 나가버린 탓이다. 그러던 어느 날 이아손은 바닷가에서 우연히 아르고호의 잔해를 발견하고는 그 밑에 앉아 상념에 잠겼다.

이때 갑자기 도도나의 말하는 참나무 돛대가 부러져 이아손의 머리를 강타했다. 그 바람에 그는 그 자리에서 즉사하고 말았다. 한때 화려한 영웅군단을 이끌던 대장이었던 이아손의 허망하기 짝이 없는 최후였다.

황금 양피를 얻은 이아손이 얻은 것은 무엇이었을까. 수많은 영웅을 이끌고 파란만장한 모험을 벌인 것은 결국 무엇을 위한 것이었을까. 이아손 스토리는 왜 영웅 모드로 출발했다가 용두사미의 초라한 마침표를 찍게 되었을까.

앞서 헤라클레스의 말에서 답을 구해볼 수 있다. 애초에 황금 양피는 이아손의 관심사였을 뿐 다른 영웅들의 관심사가 아니었다. 황금 양피를 얻으려고 한 목적도 이아손의 왕위 등극이라는 개인적 야망을 위한 것이었을 뿐 다른 사람들과는 별 상관이 없었다. 게다가 황금 양피는 기대와는 달리 이아손의 인생에 아무런 마법도 발휘하지 않았다. 그저 황금 빛깔이 나는 보기 좋은 양가죽이었을 뿐이다.

영웅의 위대함은 황금 양피와 같은 눈에 보이는 것들에 있지 않다. 영웅은 그 불굴의 정신으로 후세에 길이 빛나는 이름을 남긴다. 스스로 불길에 몸을 던진 헤라클레스의 최후에서 보듯이, 영웅은 그 육체가 불태워져도 그 정신은 불타지 않고 영원히 남는 법이다.

불에 태우면 한줌 재로 사라질 양가죽에 인생을 건다는 것은 처음부터 영웅이 선택할 바가 아니었다고 할 수 있다. 수많은 사람들처럼 겉모습에 홀려 생명을 판다면 기다리는 것은 이아손과 같은 허망한 최후일 뿐이다.

자리나 직업을 구하는 데 인생을 거는 젊은이들이 꽤 많은 요즘이다. 안정된 직장이나 수입이 많은 직종을 차지하는 것이 인생의 목적이 되어버린 이들도 적지 않다. 모두가 황금 양피를 구하는 이 시대의 이아손들이라고 할 수 있다.

반짝인다고 다 금은 아니다. 이아손의 인생은 금처럼 반짝거렸지만 금은 아니었다. 금이 아닌 것에 한 번뿐인 인생을 건다는 것은 끔찍한 일이다. 더 끔찍한 일은 이아손처럼 끝까지 이를 깨닫지 못하는 것이다.

인간, 영웅을 창조하다

Daeda-
lus

건축의 달인,
다이달로스

그리스의 건축가이자 조각가. 크레타 섬의 왕인 미노스의 미궁(迷宮) 라비린토스를 만든 전설적인
장인이다. 날개를 달고 태양 가까이 날아올랐다가 떨어져 죽은 이카로스의 아버지이자 날개의 제작
자로도 유명하다.

행복과 불행을 가르는 '왜'라는 물음표

기술이 인간을 초월하는 순간을 '특이점(singularity)'이라고 한다. 이는 미국의 미래학자 레이 커즈와일(Ray Kurzweil)이 처음 정리한 개념으로, 인공지능과 같은 과학기술이 비약적으로 발전해 인간의 지능을 뛰어넘는 시점을 가리킨다. 이 책의 서두에서도 언급했듯이 인공지능 알파고가 인간을 꺾은 사건이 특이점의 하나다.

인간이 만든 기계는 인간을 추월해서 이제는 스스로 진화하며 오히려 인간을 지배해나가고 있다. 그러나 인간과 기계가 역전되는 특이점은 21세기의 이야기만이 아니다. 수천 년 전 신화시대에도 이미 이런 특이점의 사례가 있었다. 그리스신화에서 천재적인 건축가, 발명가, 조각가로 유명한 다이달로스의 이야기가 그것이다.

다이달로스는 미궁(迷宮)의 건설자로 유명하다. 하지만 그는 자신이 지은 미궁에 갇혀 빠져나오지 못하는 신세가 되었다. 자신이 사용한 기술에 자신이 당하고 만 것이다. 왜 이런 특이한 일이 벌어졌는지 사연을 살펴보자.

다이달로스는 아테네 왕족의 일원으로 대장간의 신 헤파이스토스의 자손이다. 어릴 때부터 손재주가 좋아 목공과 철공으로 새롭고 신기한 것들을 많이 만들어 '땅의 헤파이스토스'로 이름을 날렸다.

특히 그가 조각한 올림포스 신상들은 워낙 자연스러워서 마치 살아 숨 쉬는 것 같았다. 공예의 여신이기도 한 아테나가 다이달로스의 재주를 아껴 자신의 신전에 불러다 직접 기술을 가르쳐줬기 때문이다.

그는 자신의 기예에 대한 자부심이 대단했다. 누가 자기보다 솜씨가 좋다는 말을 들으면 참지 못할 정도였다. 지나친 자부심은 교만으로 흐르기 십상이고, 교만은 패망의 선봉장이라고 했다. 다이달로스도 예외가 아니었다. 자신의 재주에 대한 지나친 자부심은 교만을 불렀고, 교만은 바로 화를 불러들였다.

그에게는 누이가 있었는데, 그녀의 아들 탈로스 또한 재주가 뛰어났다. 다이달로스는 조카인 탈로스를 제자로 받아들여 일을 가르쳤다. 그런데 막상 겪어보니 12세 소년인 탈로스의 재주는 스승인 다이달로스보다 훨씬 탁월했다. 어느 날 바닷가를 거닐던 탈로스는 물고기 등뼈를 보고 영감을 얻어 톱을 고안해냈다.

그뿐만 아니라 원을 그리는 컴퍼스도 탈로스가 발명해낸 것이다. 이를 본 다이달로스는 질투심이 폭발했다. 그는 탈로스를 아크로폴리스 언덕의 절벽으로 데려가 경치를 가리키는 체하며 밀어 떨어뜨려 죽이고 시체를 몰래 파묻으려다 발각되어 재판에 넘겨졌다.

그 결과 다이달로스는 유죄선고를 받고 국외로 추방되었다. 그는 크레타의 미노스 왕이 건축가를 우대해준다는 말을 듣고 그에게 몸을 의탁한다. 미노스는 마침 크노소스 궁전을 지을 계획이었기에 당대 최고 건축가인 다이달로스의 망명을 반겼다.

다이달로스는 미노스의 시종이었던 크레타 여인을 아내로 얻어 아들 이카로스를 낳아 기르며 행복한 나날을 꾸려갔다. 하지만 거처를 바꾼다고 운명이 바뀌는 건 아니다. 크레타로 간 다이달로스는 그곳에서도 다시 한 번 자신의 재주로 제 덫을 놓는다. 크레타의 왕비 파시파에를 위해 나무로 된 암소를 만들어준 게 그것이다.

탁월한 능력이 부른 자업자득

나무 암소가 왜 커다란 화근이었는지를 설명하려면 미노스 왕에 대한 이야기를 잠시 할 필요가 있다. 미노스는 제우스와 에우로페가 결합해서 낳은 세 아들 중 둘째였다. 인간이었던 양아버지가 죽자, 그는 다른 두 형제와 왕위를 놓고 다투었다. 미노스는 자신이 왕이 되는 게 신의 뜻이라고 주장했지만 다른 형제가 받아줄 리 없었다.

신의 징표가 필요했던 그는 포세이돈에게 황소 한 마리를 보내달라고 기도했다. 기도를 마치자 바다 깊은 곳에서 파도를 헤치고 온몸이 하얀 황소가 모습을 드러냈다. 당시 크레타에는 황소 숭배 문화가 있었기 때문에 이를 본 형제들은 미노스를 왕으로 옹립했다.

그런데 왕이 된 미노스는 황소가 탐이 나서 이를 다시 포세이돈에게 제물로 바치겠다는 약속을 어기고 자기가 슬쩍 차지했다. 성난 포세이돈은 바로 응징에 착수했다. 미노스의 아내 파시파에에게 황소만 보면 욕정이 일어나게 만들었던 것이다.

이로부터 파시파에는 날마다 해괴한 욕정에 시달리게 되었다. 들판을 거니는 황소의 불끈 솟은 근육을 볼 때마다 음욕을 주체할 수가 없었다. 망측하다는 생각에 애써 욕정을 억누르려고 했지만 그럴수록 더욱 생생히 힘센 황소가 눈앞에 어른거렸다. 미칠 지경이 된 파시파에는 마침내 크레타에 망명 와 있는 당대 최고의 명장 다이달로스를 찾아가 고민을 털어놓고 도움을 청했다.

파시파에의 고민은 다이달로스에게는 고민거리가 아니었다. 다이달로스는 천부적 솜씨를 발휘해 나무를 깎아 아리따운 암소를 만들었다. 그리고 나무 암소의 속을 파서 사람이 들어가 누울 수 있게 하고, 겉에는 암소가죽까지 입혔다. 황소가 진짜 암소인 줄로 알고 숨을 헐떡거리며 달려들 정도로 감쪽같은 솜씨였다.

파시파에는 다이달로스가 일러준 대로 나무 암소 속에 들어가 뒷다리에 자신의 두 다리를 벌려 끼운 뒤 마음껏 욕정을 풀었다. 시간이 흐르자 파시파에의 배가 보름달처럼 부풀어 오르기 시작했고, 이윽고 몸은 사람인데 머리는 황소인 괴물 미노타우로스를 낳게 되었다.

미노스 왕은 파시파에가 낳은 자식을 보고 경악했다. 하지만 그것이 포세이돈이 내린 징벌인 줄을 깨닫고는 어쩔 수 없이 자업자

득으로 받아들였다. 대신 미노스 왕은 다이달로스를 시켜 궁전 지하에 미궁 '라비린토스'를 짓게 했다. 백성들이 괴물을 보고 쑤군거릴까 두려웠기 때문이다.

미노스는 이 미궁에다 미노타우로스를 가둔 뒤 아테네에서 희생제물로 바친 소년소녀들을 들여보내 잡아먹게 했다. 다이달로스가 지은 미궁은 교묘하기 짝이 없었다. 거미줄처럼 복잡하게 얽힌 미로를 만들어 한 번 들어가면 결코 다시 빠져나올 수 없었다.

통로들이 마치 제멋대로 흐르는 강과 같아서 왼쪽으로 흐르는가 싶으면 오른쪽으로 흐르고, 이쪽인가 싶으면 저쪽이 나오며, 가다 보면 오히려 강의 원류로 거슬러 올라가기도 하는 요상한 흐름이었다.

수많은 우회로와 굴곡들이 눈을 현혹해 미궁을 만든 다이달로스조차 설계도 없이는 입구를 찾아 나오기가 불가능했다. 한 번은 미궁에 다이달로스 자신이 갇혀 버리는 일이 발생했다.

사연은 이렇다. 미노스 왕은 아테네를 정복한 뒤에 9년마다 한 번씩 소년소녀 각각 일곱 명을 공물로 바치게 했다. 그리고 이들을 미궁으로 들여보내 미노타우로스의 먹이가 되게 했다. 두 차례 이런 일이 있은 뒤에, 세 번째가 되었을 때 아테네의 영웅 테세우스가 팔을 걷어붙였다.

그는 미궁으로 들어갈 인신제물 틈에 끼어 안으로 들어가 간단히 괴물을 처치하고는 미노스 왕의 딸 아리아드네 공주의 도움으로 무사히 빠져나왔다. 이때 아리아드네 공주는 테세우스에게 실타래를 준 뒤 미궁에 들어갈 때 솔솔 풀었다가 나올 때 다시 감으며 되돌아오라고 일러주었다.

테세우스와 아리아드네가 함께 도망치자 미노스 왕은 격노했다. 안 그래도 아내가 다이달로스가 만들어준 나무 암소를 이용해 괴물을 임신했던 걸 눈치채고 있던 터였다. 이에 왕은 당장 다이달로스를 잡아들여 그의 아들 이카로스와 함께 미궁에 가둬버렸다.

미궁을 만든 것은 다이달로스에게 스스로 제 무덤을 판 격이 되었다. 아니, 좀 더 거슬러 올라가면 파시파에 왕비에게 진짜 같은 나무 암소를 만들어준 것이 화근이었다. 나아가 애초에 자신의 재주를 믿고 크레타로 망명을 온 것부터가 잘못된 선택이었다고 할 수 있다. 결국 모든 것이 다이달로스의 탁월한 기술이 부른 자업자득이었던 셈이다.

다이달로스의 천부적 기술은 계속해서 그에게 새로운 발명과 함께 또 다른 재앙을 안겨주었다. 미궁에서의 탈출 방법으로 새의 날개를 만들어낸 것도 그랬다.

답답한 벽에 갇혀 지내던 다이달로스는 문득 하늘을 나는 새를 보고 무릎을 탁 쳤다. 그리고 곧 새의 깃털들을 모아 부채꼴 모양으로 붙여나가기 시작했다. 가운데 부분은 실로 꿰매고, 뿌리 부분은 밀랍으로 *끈끈하게* 접착시켰다. 마침내 두 쌍의 날개가 완성되자 다이달로스는 그중 한 쌍을 아들 이카로스에게 달아주며 말했다.

"잘 들어라, 아들아. 너무 높이 날지도 말고, 너무 낮게 날지도 말고 하늘과 땅 사이의 중간으로만 날아라. 너무 올라가 태양에 밀랍이 녹거나 너무 내려가 바닷물에 깃털이 젖지 않도록 주의해라!"

두 팔로 날갯짓을 하자 다이달로스 부자의 몸이 두둥실 하늘로 솟아올랐다. 인간으로서는 처음으로 하늘을 날게 된 것이다. 아버지와 아들은 크레타 섬을 탈출해 북동쪽 방향으로 날개를 퍼덕이며 날아갔다.

처음의 두려움은 이내 하늘을 나는 기쁨으로 바뀌었다. 특히 젊은 이카로스는 처음 맛보는 경이로움에 도취되어 점점 더 하늘 높이 날아올랐다. 자신감이 가득한 젊은이들이 그렇듯이 아버지의 경고는 잊은 지 이미 오래였다.

더 높이 날고 싶은 욕심에 이카로스는 밀랍이 점점 녹아내리는 것도 모르고 태양 가까이로 날아올랐다. 그러다 외마디 비명과 함께 깃털이 공중에 산산이 흩어지고, 이카로스는 돌덩이처럼 추락하기 시작했다. 앞서 가던 다이달로스가 뒤를 돌아봤을 때는 이미 검푸른 바다가 이카로스의 몸을 삼킨 뒤였다.

졸지에 아들을 잃은 다이달로스는 넋을 잃은 채 한참을 주위를 맴돌며 날았다. 그리고 날개를 만들어 하늘을 난 자신의 재주를 저주하고 아들을 수습해 가까운 섬에 묻어주었다.

행복과 불행은 서로 연결되어 있다

다이달로스는 계속해서 시칠리아로 날아가 코칼로스 왕의 궁전에 몸을 숨겼다. 하지만 이번에도 몸은 피할 수 있었지만 운명은 피할 수 없었다. 그가 지닌 빼어난 기술이 그를 또 다른 악업으로 이끈 것이다. 다이달로스가 탈출한 것을 안 미노스 왕은 그를 찾기 위해 계책을 짜냈다.

나선형의 큰 소라껍데기를 갖고 다니며 여기에 실을 꿰는 사람에게는 큰 상을 주겠다는 소문을 퍼뜨렸다. 인간으로서 이런 재주를 부릴 수 있는 사람은 다이달로스밖에 없다는 걸 잘 알고 있었기 때문이다.

시칠리아를 찾은 미노스 왕이 코칼로스 왕에게 소라껍데기를 내보이며 문제를 냈다. 아무것도 모르는 코칼로스 왕은 다이달로스에게 답을 구했고, 다이달로스는 쉽게 문제를 풀어냈다.

다이달로스는 소라껍데기 윗부분에 작은 구멍을 내고 꿀을 발라

두었다. 그리고 개미의 허리에 실을 감고는 소라껍데기 안으로 들여보냈다. 개미는 꼬불꼬불한 소라의 안쪽을 돌아 윗구멍으로 기어나왔다. 소라껍데기를 실로 꿰는 일을 거뜬히 해낸 것이다.

하지만 재주 많은 게 꼭 복은 아니다. 다이달로스의 기발한 재주는 그가 숨은 곳을 들키게 만들었다. 미노스 왕은 코칼로스 왕에게 다이달로스를 넘겨달라고 요구했다. 만약 내놓지 않으면 함대를 동원해 공격하겠다며 위협까지 했다.

코칼로스 왕은 다이달로스를 놓치고 싶지 않았다. 그가 코칼로스 왕을 위해 난공불락의 도시를 건설하고 있었기 때문이다. 그러나 미노스가 이끄는 막강한 크레타 해군에 맞설 힘이 부족했던 코칼로스는 계책을 짜냈다.

다이달로스를 넘겨주겠다고 약속한 뒤 우선 목욕이나 하며 쉬라고 미노스를 목욕탕으로 유인했다. 그리고 미노스 왕이 욕조에 누워 있을 때, 갑자기 펄펄 끓는 물이 쏟아지게 해서 죽게 만들었다.

이때 끓는 물을 끌어들인 배관 장치도 다이달로스의 작품이었다. 다이달로스의 뛰어난 기술에는 빛과 어둠처럼 언제나 파멸의 그림자가 따라붙었다. 자기를 만든 주인을 불행에 빠뜨리는 프랑켄슈타인의 괴물을 떠올리게 하는 대목이다.

이외에도 다이달로스의 작품들로 전해지는 것은 많다. 인공 저수

지나 증기 사우나, 아크라가스의 요새, 엘릭스의 아프로디테 신전의 회랑, 황금으로 된 벌집 등도 그의 작품이다. 또 돛이나 목수의 연장인 도끼, 끌, 송곳, 아교 등도 그가 발명한 것으로 전해진다. 그가 만든 조각품은 눈동자나 팔다리를 움직이거나 스스로 걸어 다니는 것도 있었다고 한다. 오늘날로 치면 멋진 인조인간인 셈이다.

다이달로스가 만든 것들은 분명 문명의 이기이지만, 때로는 흉기로 변하기도 했다. 이카로스의 날개가 이를 상징적으로 보여준다. 그는 최초로 하늘을 난 인간이지만 동시에 최초로 하늘에서 추락한 인간이기도 했다.

또한 다이달로스는 윤리의식이 결여된 과학기술의 위험성을 보여주기도 한다. 그 훌륭한 솜씨로 오늘날의 성인용품이라 할 나무 암소를 만든 것이나 사람들을 막다른 죽음으로 모는 미궁을 만든 것이 좋은 예다.

다이달로스는 무엇을 어떻게 만들 것인가에만 골몰했을 뿐 그것이 어떤 용도로 쓰일지는 관심 밖이었다. '어떻게(How)'에만 관심이 있었지 '왜(Why)'는 따지지 않았던 것이다. 마치 아무 감정 없는 기계처럼 그저 작품 제작에만 매달렸을 뿐이다. 그 결과 그가 만든 것들은 종종 의도하지 않은 위험을 부르기도 했다.

신화는 은유와 상징의 세계다. 은유는 현실 속에 감추어진 진실을 일깨워준다. 다이달로스의 이야기는 과학기술이 '특이점'을 향해 숨 가쁘게 치닫고 있는 이 시대의 진실을 상징적으로 보여준다.

원래 특이점은 일반 상대성이론에서 '부피는 제로가 되고, 밀도는 무한대로 커져 블랙홀'이 되는 순간을 가리키는 개념이다. 기계가 인간을 넘어서는 순간 어떤 블랙홀이 기다리고 있을지는 누구도 장담할 수 없다. 다만 그것이 다이달로스를 가둔 미궁처럼 스스로 덫에 갇히는 어리석음이 되지는 않을지, 신화라는 거울을 통해 찬찬히 비춰볼 뿐이다.

자신이 만든 길에서 자신이 길을 잃고 마는 게 인간이다. '왜?'를 생각하지 않는 순간 인간의 모든 수고는 방향을 모르고 질주하는 눈먼 기관차가 된다.

인간의 모든 불행은 인간 스스로 초래한 것이라는 말이 있다. 개인의 인생도 마찬가지다. 찬찬히 생각해보면 나의 모든 불행은 내 스스로 불러들인 것이다. 이 말을 뒤집으면 행복도 결국 나에게서 비롯된다는 뜻이 된다.

지금 나의 모든 수고는 무엇을 위한 것일까. '왜?'라는 물음표는 인생의 방향을 가르는 이정표이기도 하다. 블랙홀로 들어가는 '특이점'은 저주일 수도 축복일수도 있다. 행복과 불행은 뫼비우스의 띠처럼 서로 연결되어 있다. 다이달로스 이야기, 아니 신화에서 배우는 인생의 비밀이다.

신화는 언제나 현재진행형이다
그리스신화는 혼돈의 시대에 발걸음을 밝혀주는 별이다

인간이 만든 세상은 점점 인간과 상관없이 돌아간다

옛날 밤하늘에 엄마별과 어린 달이 살고 있었다. 어느 날 예쁜 딸인 어린 달이 엄마별에게 졸랐다.

"엄마, 제 몸에 딱 맞는 새 옷을 만들어주세요."

엄마별이 한숨을 쉬며 말했다.

"얘야, 그건 안 되겠구나. 너는 어떨 때는 초승달이고, 어떨 때는 보름달이니 어떻게 몸에 딱 맞는 옷을 만들겠니? 그리고 또 그 사이에도 너는 자꾸만 변하잖아."

이솝우화다. 신화에 관한 글을 엮고 보니 꼭 달에게 옷을 지어 입힌 느낌이 든다. 처음 시작할 때와 글을 마치는 지금은 세상이 또 많이 변했기 때문이다.

알파고가 이세돌을 꺾은 일도, 커제가 눈물을 훔친 일도 벌써 먼

옛날 일처럼 흘러가 버렸다. 디지털시대는 새로운 게 나왔다 싶으면 어느새 흘러간 과거가 된다. 파스칼은 《팡세》에 이렇게 썼다.

한 작품을 만들 때 최후에 깨닫는 것은 무엇을 제일 먼저 써야 할지를 아는 일이다.

같은 탄식이 나오지만 처음으로 되돌아가기에는 너무 멀리 왔다. 다시 돌아간다 해도 그동안에도 세상은 달이 변하듯이 또 변할 것이다. 이런 고민까지 행간에 담아 공유하는 것도 나름대로 의미 있는 일이라고 자위해본다. 비슷한 탄식을 하는 사람들이 적지 않은 세상이기 때문이다.

세상은 쉼 없이 변화한다. 특히 4차 산업혁명 시대의 세상은 과거와는 비교할 수 없을 정도로 변화의 속도가 빠르고 급하다. 미래학자들은 21세기에 일어날 변화는 20세기보다 천 배 정도 빠를 것이라고 말한다. 세상의 변화를 제대로 따라잡는다는 것은 이제는 불가능한 일이지도 모른다.

인간이 만든 세상은 점점 인간과 상관없이 돌아간다. 인공지능이 인간을 추월해버린 세상은 알 수 없는 미래를 향해 저 혼자 질주한다. 저주일지 축복일지 모르는 그 미래는 블랙홀처럼 깊은 어둠에 싸여 있다.

다행히도 달은 수천 수억 번을 떴다 져도 달빛은 그대로다. 수만 년의 세월이 흘렀어도 별빛은 조금도 줄거나 바래지 않았다. 옛사람들의 밤길을 밝혔던 달빛과 별빛은 이 시대에도 변함없이 길을 비추고 있다. 그러므로 신화시대의 이야기들을 되새기는 것은 이 시대를 비춰보는 일이 된다. 나아가 블랙홀처럼 다가오는 미래를 어떻게 헤쳐나갈지, 어둠에 싸인 길을 가늠해보는 일이 되기도 한다.

스마트폰의 문제는 스마트폰에 있지 않다. 문제는 스마트폰이 아니라 스마트폰을 쓰는 사람들이다. 4차 산업혁명을 이끄는 트로이카인 인공지능과 나노기술, 생명공학도 마찬가지다. 사람들은 빅뱅을 방불게 하는 기술변화에 놀라지만, 문제는 거기에 있지 않다. 문제는 언제나 인간이고, 해답은 언제나 나에게 있다. 수레가 나가지 않는다고 소가 아니라 수레를 다그치는 어리석음은 옛날 우화가 아니다.

인공지능이라는 낯선 괴물과 함께 살아갈 이들에게 이 책이 길을 비추는 작은 별빛이라도 되었으면 하는 바람이다. 세상은 바뀌었어도 인간의 본성은 바뀐 게 없다. 문명의 불빛에 가려졌어도 신화시대나 디지털시대나 달빛은 여전하다. 신화는 언제나 현재진행형이다. 그들의 이야기는 우리의 이야기이고, 나의 이야기다. 미지의 괴물을 물리칠 주인공은 물론 나다.

곁에 두고 읽는 그리스신화

초판 1쇄 인쇄일 2017년 12월 26일
초판 1쇄 발행일 2018년 01월 02일

지은이 김태관
발행인 이승용
주간 이미숙
편집기획부 송혜선 허유진 **디자인팀** 황아영 한혜주
마케팅부 송영우 박치은 **경영지원팀** 이지현 김지희

발행처 |주|홍익출판사
출판등록번호 제1-568호
출판등록 1987년 12월 1일
주소 [121-840] 서울 마포구 양화로 78-20(서교동 395-163)
대표전화 02-323-0421 **팩스** 02-337-0569
메일 editor@hongikbooks.com
홈페이지 www.hongikbooks.com

ISBN 978-89-7065-613-7 (03100)

이 도서의 국립중앙도서관 출판예정도서목록(CIP)은
서지정보유통지원시스템 홈페이지(http://seoji.nl.go.kr)와
국가자료공동목록시스템(http://www.nl.go.kr/kolisnet)에서 이용하실 수 있습니다.
(CIP제어번호 : CIP2017034425)